**일을 잘하자고 했지,
무례해도 된단 말은 안 했는데**

Prologue

이 책은 예의에 대한 책입니다. 특히 일할 때의 예의에 대해 말하려고 하죠. 우리는 종종 일을 잘하려다 실수를 합니다. 목표가 분명한 만큼 그 지점만 보고 달려가다 보면 디테일한 것들을 놓치는 경우가 많거든요. 본의 아니게 상대방에게 상처를 주기도 하고, 뜻밖의 오해에 당황하기도 합니다. 상식적인 부분들을 잘 챙기는 것을 넘어 내가 기대하지 않았던 것까지 배려 받았을 때 우린 '예의 있다'고 표현합니다. 반면 내가 기대했던 것에 미치지 못했을 때 '무례하다'고 표현하죠. 예의와 무례는 명확한 기준이 아닌 사람과 사람 사이의 관계와 기대, 상황에 따라 상대적으로 평가됩니다.

만화 <드래곤볼>의 프리더 같은 악당도 지구인에겐 매우 나쁜 놈이지만, 적어도 그 부하들에게는 정중하고 예의 바릅니다. 부하들 입장에서 프리더는 훌륭한 리더일 수 있습니다. 이처럼 무례함은 목적의 선악과는 별개입니다. 도리어 과정과 디테일의 문제에 가깝죠.

일을 하다 보면 참으로 많은 사람들을 만나게 됩니다. 서로가 원하는 것이 있고, 상대방에게 그것들을 요구하는 상황들에 놓이죠. 저는 어릴 적부터 참으로 여러 가지 일을 하며, 다양한 사람들을 만나야 했습니다. 몹시도 예민한 성격이었던 터라 그들의 말과 글 하나하나에 감정이 파도쳤던 시간들이 기억납니다. 물론 지금도 크게 다르진 않다고 생각해요. 하지만 어느 날 그런 생각이 들더라고요. 이 사람은 정말 나를 싫어하는 걸까?

실제로 저에게 너무도 무례했던 한 선배는 다른 상황에선 너무도 저를 아껴주고 진심으로 도와주기도 했거든요. 저는 혼란스러웠습니다. 그러고 나서 사람의 말과 글 뒤편에 숨겨진 다양한 상황과 함의를 좀 더 너그러운 시선으로 보기 시작했죠. 그 과정에서 많은 사람들의 사연들을 들을 수 있었고, 제 상상의 범주를 뛰어넘는 다양한 사람들을 만날 수 있었어요.

이제 우리는 복잡한 질문들과 고민으로 끈적이던 밤을 떠올려 볼 거예요. 결과적으로 모든 일은 성공적으로 끝날 수 있습니다. 그러나 그 과정에서 얼마나 많은 마음이 희생되어야 하는 걸까요. 그 사람은 정말 나를 공격하려고 했던 걸까요? 아니면 복잡한 상황이 우리 사이에 오해를 만들었던 걸까요? 그리고 진짜 일을 잘하기 위해선 어떤 배려와 태도가 필요한 걸까요? 한없이 남을 배려하는 것만이 정답일까요? 내 의도와 상대의 해석이 다를 때는 어떻게 해야 하는 걸까요?

오늘도 어딘가에서 시린 상처를 안고 왔을 당신을 안아주는 마음으로 글을 시작하겠습니다.

목차

프롤로그   4

1장   무례한 사람은 어디에나 있다

01 너무 당당한 무례에 휘말렸습니다   10
02 퇴근 5분 전에 메일이 도착했다   16
03 그는 말하면서 자신에게 취해가고 있었다   22
04 아직도 기다리고 있습니다만   28
05 무례한 사람이 권력을 쥘 때   36
06 그럼 안 하려고 했어요?   42
07 호의가 계속되면 권리인 줄 안다   48
08 결과만 좋으면 됐지 뭘   54
09 이럴 거면 만나자고 하지를 마세요   60
10 새해 인사 정도는 해도 좋을 텐데   66

2장   때론 나도 무례한 사람이 된다

11 너무 많은 연락에 지쳐버렸다   74
12 깜빡했는데 사과 타이밍을 놓쳤네   82
13 목소리가 작은 것도 '무례'인가요?   90
14 말실수를 수습하려다 더 큰 말실수를 해버렸다   98

15 분위기에 휩쓸린 뒷담화 104

16 '그렇게 됐네'가 아니라 미안하다고 해야죠 112

17 그날따라 정신이 없더라고요 120

18 사회생활할 땐 할 말만 하면 되는 거 아닌가요? 126

19 친해지려다 그만 선을 넘었네 134

20 슬리퍼를 끌고 면접장에 나타난 면접관 140

3장 '예의'도 능력이다

21 그렇게까지 또 사과하실 일은 아니었는데 150

22 원래 디카페인 좋아하셨잖아요 158

23 정말 일을 깔끔하게 한다는 것 166

24 요구할 때도 정중할 수 있다 174

25 진솔하면서도 상처주지 않는 대화도 있다 182

26 서로에게 몰입하는 대화는 감동이 된다 190

27 지킬 걸 지키고, 누릴 걸 누리는 유한의 자유 198

28 침묵으로 하는 배려 204

29 원하는 것을 얻어내는 말랑말랑 대화법 210

30 때론 눈치도 예의가 된다 218

에필로그 224

1장
무례한 사람은
어디에나 있다

누군가에게 상처를 받고 괴로운 밤,
혹시 '할 말을 못했던 나'에게
화가 나진 않았나요.
명백히, 그것은 여러분의 잘못이 아닙니다.

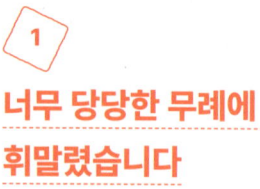

너무 당당한 무례에
휘말렸습니다

오전 7시였습니다. 일어나서 세수를 하고 난 직후였죠. 이른 아침이었는데 카톡 알람이 울렸습니다. 이미지 한 장과 두 줄의 내용이었죠. 메시지를 보낸 사람은 지난 달에 끝난 프로젝트 담당자였습니다.

> 이게 추가로 들어갔으면 좋겠습니다.
> 오늘까지 반영 부탁드립니다.

> 네, 알겠습니다.

그분이 보낸 이미지는 어떤 세미나에서 찍은 통계자료와 복잡한 도식이었습니다. 멀리서 찍은 건지 조금 흔들린 사진이었고, 영어가 빼곡했죠. 추가 메시지가 올 거라고 생각했지만 더 이상의 카톡은 없었습니다. 출처는 물론 무엇을 위한 자료인지도 알기 어려웠습니다. 게다가 끝나버린 프로젝트에 갑작스러운 추가 업무라니. 그러나 당황한 마음과는 달리 손가락의 반응은 즉각적이었죠. 알겠다는 답변을 보내고 출근 준비를 마쳤습니다. 회사로 향하는 지하철에서 몇 개의 의문이 떠올랐습니다. '일단 내 번호는 어떻게 알았지? 우리가 왜 카톡으로 대화를 하고 있지? 이번 프로젝트는 모두 종료된 것이 아니었나? 추가 비용을 주는 건가? 왜 이걸 만들어 달라고 하는 거지? 게다가 나는 왜 이걸 해주겠다고 했지?'

이 많은 질문 중에 제가 대답할 수 있었던 건 전화번호의 출처뿐이었습니다. 미팅 때 주고받은 명함이 떠올랐거든요.

아침 일찍 메시지를 보낸 건 급한 사정이 있었을 거라고 생각했습니다. 오늘은 외부 일정이 많은 날이라 이 복잡한 자료를 정리하는 데에는 시간이 필요할 것 같았죠. 몇 시까지 드리면 되냐고 물어보자, 답변은 심플했습니다. 점심 전까지 달라고 하더라고요. 점심까지는 3시간 정도가 남았는데, 오전 미팅을 다녀오고 나면 그것도 빠듯할 것 같았죠. 일이 모두 끝난 건 11시 50분이었습니다. 이전 메일함을 뒤져 메일 주소를 다시 찾았습니다. 파일을 전달한 지 약 5분 정도가 흘렀습니다. 모니터 아래에서 카톡 알림창이 떴습니다. 한 줄의 답신이었죠.

> 아... 죄송한데 똑같이 해달라는 얘기가 아니었는데요.

배를 채우려고 샌드위치를 뜯어 한 입을 베어 물었는데, 잠시 입을 멈춰야 했습니다. 여러 생각이 들더군요. 손가락이 이리저리 머뭇거리며 자판 위를 방황했습니다. 정리된 멘트는 이것이었죠.

> 어떤 방식으로 정리해 드릴까요?

잠시 후 상대방의 간결한 답변이 돌아왔습니다.

> 창의적으로 부탁드립니다. 저희가 좀 급해서 1시간 내로 자료 부탁드립니다.

그때서야 내가 말려들고 있음을 깨달았습니다.

⚬━ 흔히 무례한 상황을 겪으면 분노나 짜증이 치밀어 오른다고 생각하지만, 실상은 그렇지 않습니다. 무례를 마주했을 때의 첫 반응은 당황과 긴장이죠. 무례함은 3가지 특징이 있습니다. 화를 내기에 너무 사소하고, 논리가 끼어들기엔 너무 순식간에 벌어지며, 마지막으로 상대방도 나름의 논리와 상식에서 나온 행동이란 것입니다.

상처받은 사람 입장에서는 무례가 공격처럼 느껴지겠지만 실제로 무례를 범하는 사람들은 그저 자신의 세상을 계속 살아가고 있을 뿐입니다. 무례함이란 나와 당신의 세상이 충돌하며 생기는 사고와도 같죠. 공격의 목적으로 무례를 범하는 경우는 매우 드뭅니다. 우리도 그 사실을 알고 있죠. 하지만 곱씹어 생각해 봐도 왜 그랬는지에 대한 대답을 쉽게 내리기는 어렵습니다. 이런 상황에서 분명한 태도를 취한다는 것은 쉬운 일이 아니죠. 보통 이런 애매한 순간에는 미소와 긍정이 먼저 등장합니다. 저는 이걸 '둥근 관성'이라고 부릅니다. 사람들은 본능적으로 갈등을 싫어합니다. 갈등을 견디고 해결하는 데에는 에너지가 많이 필요하거든요. 우린 경제적이고 사회적인 선택을 합니다. 사회화의 가면을 쓰고 살아가는 '업무 공간'에서서 둥근 관성이 더욱 크게 작용합니다. 대부분 무례함에 상처받고 나면 이런 둥근 관성을 원망합니다. '왜 그때 거절하지 못했을까.'라는 식으로 말입니다. 바보 같은 내 모습이 먼저 떠오르죠. 그러나 그건 누구라도 쉽지 않았을 것입니다. 모호한 상황에서 잘못된 반응을 했을 때의 위험성을 알기 때문이죠. 싸해진 분위기, 까칠한 이미지, 상황을 일일이 설명해야 하는 번거로움과 나의 주장이 먹히지 않았을 때의 패배감까지. 이런 위험을 감수하느니 잠시 나를 지우는 선택을 하죠.

상대방의 의도가 그렇지 않았다고 해도, 이미 여러분은 상처를 받았습니다. 위로와 안정이 필요하죠. 책망으로 본인을 더욱 아프게 하지 마세요. 우선은 당황하고 긴장한 지금의 나를 부드럽게 달래도록 합시다. 누가 잘못했느냐를 가리는 대신 먼저 호흡을 길게 내쉬고, 물을 한 잔 마시면서 천천히 마음을 다독입니다. 그리고 다음의 4가지 선택 사항을 꺼내 봅니다.

❶ 말을 하고 일은 마무리 짓는다.
❷ 말을 하고 일을 중단한다.
❸ 말을 하지 않고 일을 마무리 짓는다.
❹ 말을 하지 않고 일을 중단한다.

❹번으로 갈수록 갈등은 심해지지만, 무엇이 옳다 그르다를 판단하진 않겠습니다. 상황과 사람에 따라 선택지는 달라질 수 있거든요. 여기서 중요한 건 이제부터 내가 무엇을 해야 할지를 선택하는 것입니다. 무례함은 사고처럼 다가왔지만 이제 선택권은 나에게 있습니다. 반응이 아닌 선택으로, 나를 지키는 쪽으로 천천히 방향을 돌려봅시다.

나는 명백히
상처를 받았어.

#일을하자 #무례는그만

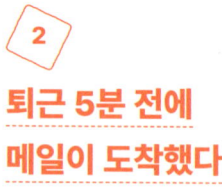

퇴근 5분 전에
메일이 도착했다

혜정은 시계를 바라보았습니다. 5시 55분, 퇴근까지 5분 남았네요. 오늘 작성한 파일들을 정리하고 내일 진행될 업무들을 적고 있었습니다. 그 순간 메일이 하나 도착했습니다. 발신자는 현재 프로젝트를 함께 하고 있는 클라이언트였어요. 이틀 전에 4차 수정안을 보내면서 피드백을 요청했고, 방금 온 메일이 애타게 기다리고 있던 클라이언트의 피드백이었죠. 혜정은 잠시 메일 제목을 바라보다가 이내 메일을 클릭해 보았습니다.

수정 사항 드립니다.

발신자 ksh@azion.asia

> 보내주신 영상은 모두 확인했습니다. 고생 많으셨습니다. 다만 내부적으로 다양한 피드백이 있었습니다. 해당 부분 반영하시어 내일까지 수정본을 주시면 감사하겠습니다. 우선 영상 전체 톤이 너무 어둡다는 의견이 있었습니다. 또한 배경음악 부분이 조금 루즈한 부분이 있어 이 부분에 대한 수정이 필요합니다. 오프닝 부분에서 너무 밋밋한 느낌이 든다는 얘기가 있어, 여기에도 임팩트가 좀 필요할 것 같습니다. 인서트는 대체로 만족스러웠는데 다른 디자인으로도 하나 더 보고 싶습니다. 더불어 모바일에서는 자막이 잘 보이지 않는단 의견이 있었는데 이는 대표님 의견으로 꼭 반영되어야 할 것입니다. 저희가 내일 마케팅 회의 때 브랜드 영상이 필요하여 내일 4시 이전까지 수정본을 주시면 감사하겠습니다.
> 감사합니다.

혜정의 손가락은 잠시 움직이지 않았습니다. 머릿속으로는 여러 가지 생각이 왔다 갔다 합니다. 혜정은 메일을 팀장님에게 포워딩하고 (메일에는 cc가 걸려있지 않았습니다.) 팀장 자리로 다가가며 말했습니다.

"팀장님, 방금 포워딩한 메일 보셨어요? 아무래도 이건 좀 힘들 것 같지 않아요…? 오늘 밤새워서 해도 내일 4시까지 못 맞출 것 같은데… 그리고 피드백이… 좀…"

유 팀장은 메일을 보더니 의자 등받이에 등을 기대고는 말했습니다.

"하아… 아는데 그래도 이번 프로젝트는 중요하니까 일단 해달란 대로 해주세요. 톤 높이고 BGM 바꾸고, 전반부만 좀 뜯어고치면 될 것 같은데… 디자인팀한테는 내일 오전 중에 인서트 새로 만들어 달라고 요청하고, 모바일 버전에서 안 보이는 건 뭐 폰트 크기 때문인가… 그건 반응 속도 좀 빠르게 해서 폰트 키우고 빨리 넘어가게 해봐요. 일단 오늘은 퇴근하고 내일 와서 합시다."

혜정은 묘한 기시감을 느끼고 있었습니다. 정확히 언제였는지 기억은 나지 않지만, 이런 일이 이전에도 있었던 것 같은 느낌입니다. 혜정은 지금 본인이 꿈을 꾸고 있다고 생각했습니다. 현실이라면 이럴 수가 없기 때문이죠. 문득 지끈거려오는 관자놀이의 묵직함을 느꼈습니다. 아주 잠깐 멍해졌던 혜정은 말을 이어갔습니다.

"근데 그렇게 급한 거면 본인들도 빠르게 피드백 해줬어야 하는 거 아닌가요. 퇴근시간 다 돼서 갑자기 내일까지 해달라는 게…"

유 팀장은 혜정의 눈을 마주치지 않고 노트북을 덮으며 말했습니다.

"원래 다 그런 거지 뭐."

혜정은 유 팀장의 말을 되뇌었습니다.

'다 그런 거다…'

⚬━┱ 무례함에 '다 그런 건' 없습니다.

그들은 아주 단순하게 생각했을 겁니다.

'오늘 오후에 보냈으니 내일 오후에 줄 수 있겠지.'

'금요일 오후에 보냈고 월요일까지 요청했으니 이틀이나 시간이 있네!'

'어쨌든 퇴근시간 전에는 메일을 보냈으니 비매너는 아니지.'

상대방의 달력에도 휴일과 퇴근시간이란 게 있다는 걸 망각하는 사람들이 있습니다. 협업이란 건 '업무시간' 안에 해야 하는 것이죠. 결국 함께 일하는 사이에서 우리에게 주어진 '하루'란 건 고작 8~9시간 남짓입니다. 사람들이 종종 잊어 버리지만 너무도 중대한 진실이 있는데요, 바로 퇴근 후에는 일을 하지 않는다는 겁니다. 위 사례를 보면 집에 가서 자지도 먹지도 말고 밤새 내가 준 일만 해서 원하는 시간에 가져오라는 얘기를 굉장히 정중히 그리고 감사하단 인사를 덧붙여 전하고 있습니다. 부끄럽지만 저도 이런 무례한 말을 하고는 했답니다. 실무자였을 때는 그저 피드백을 정리해서 빨리 내 손에서 떠나보내고 싶었죠. 그게 금요일 5시인지 밤 12시인지는 중요하지 않았습니다. 그러다 한 통의 회신을 받게 되었죠. 스물아홉 살 무렵이었습니다. 그날도 뭔가를 요청하는 메일을 보냈습니다. 메일을 받은 상대 회사의 책임님은 1시간 후 긴 장문의 답장 메일을 보내오셨습니다.

'당신이 이렇게 다급한 요청을 하는 건 실무에 지쳤고 마음은 급하고, 당신의 의지와 다르게 돌아가는 상황 때문이라는 걸 알고 있습니다. 그러니 당신을 탓하거나 비난하고 싶진 않습니다. 다만, 우리 모두는 '쉼'이란 것이 필요합니다. 아마 지금쯤 당신도 퇴근을 준비하고 계실 것이라 생각됩니다. 어서 귀가하시어 즐거운 시간을 보내고, 따뜻한 저녁을 먹고, 지친 몸을 뉘시길 바랍니다. 저도 편한 저녁을 맞이하도록 하겠습니다. 보내주신 메일은 내일 다시 자세히 읽어보고 완성할 수 있는 합리적인 일정을 말씀드리도록 하겠습니다.'

요약하자면 이런 내용이었죠. 아마 보는 사람에 따라서 공감 여부가 다를 순 있겠으나, 그때 당시 이 메일을 받고서 한참을 자리에서 일어날 수 없었습니다. 타인은 물론, 저에게도 쉼이란 건 없다고 생각했으니까요. 그리고 이런 식의 말을 해주는 사람도 처음이었죠. (매우 언짢으셨을 텐데 어찌 저리도 차분하게 말씀을 하셨을지 궁금합니다.) 그분이 말한 쉼의 풍경은 너무도 당연한 것들이었습니다. 우린 단 한 마디의 말로 상대방의 아늑한 저녁을 뺏어버릴 수 있습니다. 그의 마음을 불안하게 만들고, 괴롭게 할 수도 있죠. 무례는 이토록 쉬운 일입니다. 우리의 말 뒤엔 누군가의 삶이 있단 사실을 잊어선 안될 거예요. 여러분도 아늑한 저녁을 지켜내시길 바라고, 그에게도 아늑한 저녁을 선사해 주세요.

당신의 말 한마디로
제 아늑한 저녁이
사라졌습니다.

#일을하자 #무례는그만

그는 말하면서
자신에게 취해가고 있었다

서울 논현동의 한 빌딩. 그리 무겁지 않은 대화로 나름대로 화기애애한 분위기의 미팅이었습니다. 한 쇼핑몰의 대표인 그는 '윌리'라는 영어 이름을 쓰고 있었습니다. 윌리는 앞으로의 비전과 회사의 성장 가능성을 열정적으로 토로했습니다. 우리는 브랜드 콘텐츠를 만들기 위한 논의를 하고 있었습니다. 약 10편의 글을 만들어 주요 마케팅 채널에 게재하기로 했죠. 얼마나 고객을 위하는지, 얼마나 건강한 성장을 하고 있는지, 얼마나 사내 문화가 좋은지 2시간이 넘게 얘기를 나누었습니다. 저는 그의 말을 하나도 빠뜨리지 않고 노트북에 기재하고 있었습니다.

"저희 회사가 앞으로 나아갈 방향은 온라인 커머스의 최고봉이 되는 겁니다. 고객 중심의 UX 선두주자로 자리매김하는 거죠. 또 이번에 UX팀을 완전히 개편해서 7명으로 확장했거든요. K사에 있던 개발자와 UX디자이너를 영입해서 플랫폼 전체를 바꾸고 있는데, 개편되는 이번 업데이트가 투자자들 사이에서 굉장히 화제가 되고 있어요. 저희가 잘 돼서 많은 투자자들이 우리에게 관심을 가져야 어? 딱 그렇게 되는 거죠. 알죠? 그런 거."

윌리는 격정적인 어조로 동의를 구했습니다. "어?"라고 물어볼 땐(그게 묻는 것이었는지 확실하진 않지만) 검지로 절 가리키며 두어 번 흔들었던 것 같습니다.

"아니, 딱 보면 이 대표도 알겠지만 지금 우리가 주요 투자를 유치하고 이제 동남아까지 진출하면서 굉장히 커져갈 거란 말이죠. 근데 이제 문제는 뭐냐면. 지금 이게 얼마나 엄중한 것인지 아는 애들이 없다는 거야. 이 대표네도 애들이 잘 안 따르죠? 이게 어떤 비전과 그런 거에 딱 집중하고 이걸 알아들어야 하는데…. 그래서 이번 콘텐츠가 중요하다고."

노트북에 옮겨 적을 말은 아닌 것 같아 잠시 손가락을 멈추고, 가벼운 미소로만 답했습니다. 윌리는 그 와중에도 몇 차례 더 손가락을 흔들며 저를 가리켰던 것 같습니다.

"네 그렇죠. 그래서 저희가 이걸 굉장히 잘하려고 지금 미팅을 하고 있죠. 하하하."

일단 넉살 좋게 상황을 풀고 다시 다음 질문을 이어나갔습니다.

"그럼, 일단 대표님이 생각하시는 고객을 위한 큐레이션은 어떤 것일까요? 무엇에 초점을 맞추고 계세요?"

윌리는 얼굴빛이 밝아지며 다시 입을 열었습니다.

"그게 바로 핵심이에요. 큐레이션. 우리가 갖고 있는 알고리즘이 있어요. 내가 그걸 잠깐만요, 갖고 오라고 전화 좀 할게. 일단 이거 적어요. '라. 이. 프. 스. 타. 일. 피. 팅. 알. 고 .리. 즘' 우리가 추구하는 게 딱 이거거든. 이것도 다 내가 만들어 낸 단어예요. 아이디어 내라고 했는데 다 별로더라고. 우리의 본질을 이해 못 하는거지 다들. 뭐 가상피팅, 찾아가는 피팅 이런 말이나 하고… 하아 참, 맞다, 이 대표님 책 같은 것도 만든다고 하지 않았어요?"
"아 네네, 저번에 메일에 첨부파일로 같이 드렸어요."
"아 그래요? 왜 기억이 안 나지? 별로 인상적이지 않아서 그랬나? 하하하하하."
"아…? 하하…"

살짝 손가락 끝이 얼어붙은 듯했고, 입에선 반사적으로 윌리와 함께 웃음이 나왔습니다.

○━━ 문장의 개수와 헛소리의 확률은 비례합니다. 대부분 그 입이 문제죠.

윌리는 지금 신이 났습니다. 회사 자랑도 해야 하고, 회사 자랑을 빙자한 자기 자랑도 해야 합니다. 입이 아주 바쁘죠. 우리가 하나 기억해야 할 게 있습니다. 흔히 말은 '내뱉는 것'이라고 생각하지만 그것이 전부는 아닙니다. 우리는 내뱉은 말을 다시 귀로 들으며 서서히 취해갑니다. 내 말을 스스로 되새김질하다 문장 속으로 침몰하는 것이죠. 너무 많은 단어와 정보들이 쏟아지면 길을 잃습니다. 듣는 사람이 보이지 않고 아무 말이나 나오게 되죠. 자기 직원의 흉이나 반말과 존대가 섞인 이상한 말투가 그 증거입니다. 윌리의 마지막 한 방은 당황에서 비롯됐을 겁니다. 사람이 싸우자는 게 아니라면 멀쩡히 있는 사람에게 "너의 포트폴리오는 그리 인상적이지 않았다."라는 말을 저렇게 중얼거릴 수는 없죠. 아마 본인이 확인을 못했거나 기억 못한 것에 대한 민망함과 당황이 방어적으로 드러난 문장이었을 거예요. 나쁜 사람들이 무례한 게 아닙니다. 무례는 성향이 아니라 상황이죠. 특히나 흥분으로 텐션이 높아진 상태에선 많은 실수가 나올 수 있습니다. 뜨거운 언어는 믿지 마세요. 그것은 대부분이 본의와 다른 헛소리입니다. 상대가 몹시 뜨거워져 있다면 갓 구운 고구마를 이리저리 손으로 굴리다 던져버리는 것처럼 말을 흘러 들어야 해요. 그것을 꼭 쥐고 있으면 상처받게 되거든요.

덧, 만약에 저 무례한 언어에 대응하고 싶다면 '즉시' 하셔야 합니다. 시간이 지나면 상대는 기억하지 못할 수도 있어요. 분위기가 매우 차가워질 수도 있죠. 이럴 땐 "방금 그 말은 조금 상처가 될 것 같습니다."라는 식으로 차분하게 대응하시면 됩니다. 상대는 대부분 화들짝 놀랄 거고, 거의 바로 사과할 거예요. 그럼 사과를 정중히 받고 웃으며 괜찮다고, 흥분하셔서 그러신 거 안다고 넘어가면 됩니다.

방금 그 말은
저에게 상처가
될 것 같습니다.

#일을하자 #무례는그만

아직도
기다리고 있습니다만

　오늘은 영하 8도라고 합니다. 서울 2호선 선릉역에 내려서 역삼 방향으로 걸어 올라갔습니다. 오늘 만날 곳은 온라인 교육 분야에서 이름이 잘 알려진 회사입니다. 내부적으로 큰 개편을 하는데, 조언을 구할 게 있다고 미팅을 요청하셨거든요. 우리는 한 카페에서 만나기로 했습니다. 지하철 출구로 나가자 냉기가 가득 밀려왔습니다. 미팅 시간은 오후 2시. 제가 도착한 시간은 1시 45분 정도였습니다. 먼저 커피를 시키고 잠시 노트북을 켜 오늘 만날 회사의 최근 뉴스를 다시 살펴보고 있었죠. 커피를 절반 정도 마셨을 무렵, 시계는 어느덧 2시 15분을 향하고 있었습니다. 저는 핸드폰을 켜고 문자를 한 통 남겨놓았죠.

> 대표님 저는 미리 와 있습니다.
> 혹시 어디쯤이실까요?

약 10분 정도 뒤에 답장이 왔습니다.

> 아, 늦어서 죄송합니다! 카페 말고 저희 사무실로 올라와 주시죠. 거기서 뵙겠습니다!

네이버 지도를 켜서 확인해 보니 400m 거리에 있는 곳이었습니다. 주섬주섬 짐을 챙겨 자리를 나섰습니다. 사무실 로비에서 오늘 만날 대표님께 전화를 드렸죠.

"대표님, 저 지금 1층 로비이고 곧 올라가겠습니다."
"네, 오셔서 잠시만 기다려주시면 금방 가겠습니다!"

11층 문이 열렸고, 회사의 메인 출입구는 보안키가 있어야 들어갈 수 있는 구조였습니다. 초인종이 따로 없어 다시 대표님께 전화를 걸었습니다. 아마 누군가와 얘기하고 계신 중인지 전화를 받지 않으시더군요. 입구 앞에서 계속 서성여 보았습니다. 회사 내부의 몇 명과 눈을 마주쳤지만, 섣불리 나오려고 하진 않았습니다. 마침 화장실을 다녀오던 한 직원분이 들어가는 틈을 타 같이 들어갈 수 있었습니다. 대체로 조용하게 자기 일을 하는 분위기였고, 회의실에서 몇몇 팀이 활발하게 회의를 하고 있었습니다. 정작 저는 어디로 가야 할지 알 수 없었죠. 입구에서 잠시 서성이고 있다가 한 분과 눈이 마주쳤고, 다가가 말을 걸었습니다.

"아… 오늘 대표님과 미팅 있어서 왔습니다. 혹시 어디로 가야 할까요?"
"아… 잠시만요. 제가 들은 게 없어서…."

그분은 주변의 몇몇 사람에게 들은 적이 있냐고 물어보는 듯했습니다. 듣는 사람의 표정으로 보아 다들 금시초문인 눈치였습니다. 그분은 회의실 예약 정보를 살펴보기 시작했습니다. 갸웃하는 고개를 보니 예약이 되어있지 않은 듯한 눈치였죠. 그는 다시 저에게 다가와 말했습니다.

"아, 지금 회의실 예약이 되어있지 않은데 혹시 잠시 이쪽에서 기다려 주시겠어요? 제가 한번 알아보고 대표님께 전달하도록 하겠습니다."

그렇게 불이 꺼져있던 4인용 미팅룸에 들어가 일단 외투를 벗고 노트북을 켠 채로 대표님을 기다리기 시작했습니다. 미팅룸을 닫고 나간 담당자는 오랜 시간 돌아오지 않았습니다. 어느덧 시계는 3시를 향해 가고 있었습니다. 목이 좀 마르더군요. 물을 한 잔 달라고 요청하려 밖으로 나가 서성거리자 그제야 대표님이 저기서 걸어오는 것이 보였습니다.

"아! 늦어서 죄송합니다! 제가 앞에 중요한 미팅이 있었는데 좀 늦게 끝나는 통에… 근데 제가 4시에 또 미팅이 하나 있어서 한 30분 정도만 짧게 얘기하실까요?"
"아… 그러실까요, 그럼?"

얘기인즉슨 이번에 브랜드 개편을 진행하게 되었는데, 관련하여 브랜딩 프로세스에 대한 전사교육을 진행해 줄 수 있겠냐는 것이었습니다. 30분 동안의 짧은 대화였지만, 익히 내용을 알고 온 터라 흔쾌히 그러겠다고 승낙했습니다. 대표님은 기뻐하며 말했습니다.

"감사합니다! 그럼 저희 담당자에게 명함의 메일로 관련 내용 정리하여 보내라고 하겠습니다. 일정은 3월 13, 14일 이틀간 3시간씩 진행하는 것으로 하시죠."

그렇게 우린 일정과 비용, 대략적인 커리큘럼을 확정하고 악수한 뒤 헤어졌습니다. 하지만 그 후로 2주일이 지나도 담당자에게 메일이 오지 않아 다시 대표님께 문자를 남겼습니다.

> 아! 다시 전달하라고 하겠습니다.

 답장이 왔고. 다시 두 달이 지났습니다. 아마 취소가 되었거나, 마음이 바뀌었을 수도 있겠습니다. 부끄러워 말을 못 하셨을 수도, 바빠서 말을 못하셨을 수도 있죠. 여러 사정이 있으셨을 겁니다.

○━━ 무례함은 소용돌이 같습니다. 빠져나올 타이밍을 찾지 못하면 말려들죠.

아마 저 상황에서 가만히 있는 주인공이 오히려 답답한 독자분들도 계실 겁니다. 맞습니다. 무작정 기다리지 말고 미팅룸에서 나가 '언제 오시나? 물을 달라! 이렇게 늦어도 되는 거냐?' 등의 항의(?)를 할 수도 있었을 겁니다. 하지만 막상 그 상황이 되면 격한 리액션을 하기 힘듭니다. 2, 3시간 늦은 것도 아니고 20분 늦었다가 자리를 바꿔 다시 20분 늦은 셈이니 뭔가 화를 내기에는 그 무례함이 경미한 수준이죠. 물 한 잔도 안 줬다고 화를 내기에는, 회사는 일하는 곳이지 카페가 아니니 호의를 강요할 수도 없는 노릇이고요. 일을 같이 하기로 했다가도 흐지부지 사라져 버리는 일도 '일하다 보면' 생기는 일이기도 합니다. 이런 식으로 암묵적인 취소를 전달하는 경우도 많기 때문에 괜히 말했다가 눈치 없는 사람이 될 수도 있겠죠. 결국 무례함은 그렇게 미미한 실수들의 합입니다. 하나하나 꼬투리 잡긴 힘들지만 종합적인 경험이 주는 불쾌감이란 게 있죠.

주인공은 집에 돌아가는 길에 왜 그때 '아… 그러실까요, 그럼?'이라고 순종적으로 대답했는지 후회했을 수도 있습니다. 앞서도 말했지만, 무례를 범하는 사람은 공격 의사가 없습니다. 그 때문에 본인은 무례를 범하고 있단 사실을 인지조차 하지 못하죠. 이번 에피소드에서 가장 좋은 결별 타이밍은 2시 15분이었습니다. 카페에서 사무실로 오라고 했을 때 미팅을 취소하고 다음을 기약하는 것이 더 좋았겠죠. 상대방은 나와 나누는 시간에 가치를 느끼고 있지 않습니다. 오히려 여기에 가치를 부여하는 것은 내 쪽이죠. '여기까지 온 시간이 아까우니까, 이 추운 날 여기까지 왔는데'라는 식으로 말입니다. 내 행동의 근거가 '내가 투자한 시간과 에너지가 아까워서'라거나 '혹시 있을지도 모를 상대의 사정' 등이라면 지금 여러분은 '말려들고 있는 중'일 가능성이 큽니다. 불편함을 외면하지 마세요. 그것을 충분히 느끼고, 부드럽게 잘라낼 방법을 찾아내는 것이 중요하죠.

'2시 미팅이 있었는데 아무래도 잊으신 것 같다. 이 근처에서 곧 다른 미팅이 있는 터라 먼저 자리를 뜨겠다. 추후 문자를 보시면 여유 있을 때 미팅 일정을 조율해서 만나 보자'라는 식으로 말입니다. 무례함은 잘못 자란 가지나 손톱에 난 거스러미 같은 존재입니다. 무턱대고 대응하겠다고 뜯어 뽑다간 속은 시원할지 모르지만, 상처가 꽤 아프게 남죠. 이런 애매한 불편함들일수록 부드럽게 '톡' 잘라내는 것이 중요합니다. 이건 아니다 싶은 바로 그 순간에 말이죠.

너는 나와의 시간이
중요하지 않잖아.
여기에 마음 쓰고
싶지 않아.

#일을하자 #무례는그만

5
무례한 사람이 권력을 쥘 때

제가 이직했을 때 저와 비슷한 포지션의 정 프로가 있었습니다. 정 프로 입장에선 일종의 경쟁자가 생긴 것과 비슷했겠죠. 그래서 저에게 까칠한 태도로 날을 세워도 그럴 수 있다고 생각했습니다. 정 프로는 이 조직에서 상대적으로 젊은 세대였습니다. 대표와 이사들은 꽤나 유순한 성격을 지니고 있었죠. 결정권자들이 갈팡질팡하거나 우유부단한 태도를 보일 때 정 프로는 의견을 강하게 어필해 주도권을 잡아나갔습니다. 이것은 꽤나 효과가 있었습니다. 종종 큰 성과를 불러오는 의견도 있었거든요. 하지만 제가 왔을 때 이 조직은 뭔가 묘한 분위기가 있었습니다. 정 프로와 날을 세우며 회의를 하던 그날, 회의가 끝나고 상무님은 저에게 넌지시 이런 말을 하셨습니다.

"자네가 이해해. 정 프로 성격이 원래 저래. 그래도 일은 잘하니까 협업하면서 잘 도와주고 그러면 도움이 될 거야."

옆에서 커피를 마시던 다른 분도 한 마디 거들었습니다.

"맞아, 성격이 좀 그래도 그냥 맞춰주는 게 더 편해요. 또 저런 까칠함이 좋은 결과로 이어질 때가 많더라고요."

그날도 정 프로는 갑자기 반차를 쓰고 보이지 않았습니다. 회의에서 나온 기획안을 인계받지 못해 전화를 했더니 '반차 썼단 소리 못 들었냐'는 대답이 돌아왔습니다. 정 프로의 까칠함은 INTJ라는 이유와 일을 잘한다는 이유로 재능처럼 인정받고 있었습니다.

다음 날 어제 못 받았던 기획안에 대해 얘기하던 중 정 프로가 목소리를 높였습니다. 기획안엔 들어가야 할 중요한 내용이 빠져 있었고, 저는 그것이 왜 채워지지 않았는지를 물었을 뿐입니다. 그는 아마 모두가 들으라고 목소리를 높였을 겁니다. 면박을 줘야 했으니까요. 돌아온 답변은 '확정되지 않은 것은 원래 공란으로 비우기로 했다. 들어온 지 얼마나 됐는데 아직 그것도 적응 못했느냐.'는 것이었습니다. 흥미진진한 건 이 소동을 지켜보는 사람들의 태도였죠. 점심시간이 시작되고 다들 자유로이 자리에서 일어나 나갈 채비를 하며 수다가 시작되었습니다. 정 프로는 상무님 옆에서 '내가 이런 것까지 일일이 말해줘야 하느냐'며 투덜거리고 있었고, 상무님과 팀장님은 정 프로를 달래고 있었습니다.

"허허허 우리 정사장님 말을 들어야 하는데!"
"우리 군기반장님 또 오래간만에 군기 한 번 제대로 잡으셨네!"

어느새 정 사장님이 되더니, 이 회사의 실세는 정 프로라며 암 그렇지 자네 말이 맞고 말고를 연달아 외치고 있었습니다. 정 프로는 살짝 기분이 누그러진 듯,

"그럼 다들 말 잘 들으세요. 다들 아시죠?"

뭘 알겠는진 모르겠지만, 농담이 섞인 손가락질을 하며 하하 호호 자리는 마무리가 됐습니다.

사내 문화는 '하지 말아야 할 일'들에 대한 합의와도 같습니다. 누군가가 이 선을 넘었을 때 서로서로가 이것은 우리 문화가 아니라며 견제하고 바로잡아야 하죠. 그래서 문화는 근본적으로 개인의 취향보다 집단의 관성에 우선합니다. 문화가 망가지고 있다는 가장 명확한 신호는 침묵입니다. 문화를 파괴하는 행위를 저지할 동력이 없는 경우죠. 이보다 더 안 좋은 건 문화를 해치는 사람이 새롭게 문화를 만들고 있는 것입니다.

아마 이 회사는 정 프로가 새로운 문화의 주축이 된 모양입니다. 이런 경우 여러분이 그에게 대항하는 것은 매우 힘든 일입니다. 도망치는 것이 최고의 선택일 수 있죠. 지금은 정 프로 편을 드는 것으로 얼추 마무리되고 있지만, 조만간 여러분을 공격하는 방향으로 단합력을 만들 수도 있거든요. 정 프로는 머리가 빠르게 잘 돌아갑니다. 만약 성과가 제대로 나지 않았거나 사고가 났을 때, 그 책임을 여러분에게 돌리겠죠. 지금의 모든 언행들은 그 밑밥이 됩니다. 동료에 대한 프레임을 하나하나 만들고 그것을 자신의 방파제로 삼죠. 만약 여러분이 도망치는 것 대신 이 사람과 싸워야 하는 상황이고, 도저히 친해지고 싶지 않다면 '여론'부터 형성해야 합니다. 이때 여러분에게 씌워진 프레임을 깨뜨리는 것은 쉽지 않은 일입니다. 오히려 프레임을 다른 방식으로 의미 부여 하는 것이 좋죠. 만약 일손이 느리다는 프레임으로 공격받고 있다면, '느리지 않다.'고 주장하는 것은 의미가 없습니다. '느린 거 인정. 하지만 나만큼 꼼꼼하게 일하는 사람이 여기 있냐?'는 식으로 수용하고 확장시키는 방식을 택하는 것이 현명할 것입니다.

　문화를 흐리는 사람과 싸울 땐 선거를 한다고 생각하시는 것이 좋습니다. 반박은 결국 진흙탕 싸움으로 번지고 말죠. 뒷담화는 최악의 선택입니다. 오히려 정 프로를 칭찬하며 대인배 콘셉트로 가는 것이 여론을 형성하기에 좋죠. 저 사람과 나 둘 중 하나를 선택하라는 것보다, 나는 정 프로와 한 편이라는 인식을 주는 것이 다른 구성원에게 부담을 줄여주는 방식일 테니까요. 일종의 단일화 같은 느낌이랄까요. 그렇게 정 프로와 친한 사람까지 발을 뻗쳐 여론의 힘을 가져와야 합니다. 그리고 싸울 땐 반드시 일대일로 싸우세요. 명확히 말씀드리지만, 정 프로는 기민하고 똑똑합니다. 어설프게 건드려서 애매한 상태가 돼선 안됩니다. 싸우기로 마음먹었다면 아무도 없는 곳에서 영혼까지 탈탈 털어야 할 것입니다. 그리고 내려가서는 아무 일도 없다는 듯 웃으며 일만 하는 사이가 되어야 하죠. 이게 가장 이상적인 힘의 균형 상태입니다. 정 프로에게 패배감을 느끼게 한다기보단, '쟤는 건드리면 피곤하다.'라는 생각을 들게 만드는 것이 주목적입니다. 글로만 들어도 피곤하지 않으신가요? 많은 시간과 노력, 스트레스와 맥주가 필요할 것입니다. 그러니 이 최후의 방법은 이렇게까지 애를 써야 할 가치가 있는 직장에서만 시도하도록 하세요.

빨리 정해야겠다.
싸우거나.
도망치거나.

#일을하자 #무례는그만

6

그럼
안 하려고 했어요?

    제이미는 일을 잘하는 것으로 소문이 자자했습니다. 특히 데이터 분석 쪽에 일가견이 있기 때문에 다양한 스타트업에서 러브콜이 많았었죠. 데이터를 다루는 사람이라 그런지 확실히 냉철하고 분석적인 면이 있었습니다. 눈빛도 손짓도 예리했죠. 문제는 말투도 예리하다는 데에 있었습니다. 이걸 예리하다고 해야 할지는 잘 모르겠지만. 제이미와 한 팀에 있는 소피아는 최근 고민이 많아졌습니다. 데이터 분야는 용어가 너무 어렵습니다. 그리고 주어진 데이터를 그냥 정리하는 수준이 아닌 그 속에 담긴 의미를 해석해야 했죠. 이는 경험과 지식이 꽤나 필요한 일이었어요. 사수인 제이미의 도움이 꼭 필요한 일이었습니다. 문제는 커뮤니케이션을 할 때마다 종이에 베인 것 마냥 시린 느낌을 받는다는 것이었습니다.

오늘도 마찬가지였습니다. 소피아와 함께 회의를 하던 제이미가 말했습니다.

"저쪽 지표는 포함이 안됐네요?"

소피아는 사실 제이미가 말한 지표를 넣을지 말지 고민하던 찰나였습니다. 왠지 소피아 생각에는 이 지표가 들어가면 의사결정을 더 혼란스럽게 할 수 있겠다는 생각이 들었거든요.

"아 네… 넣는 게 맞을까요?"
"그럼 안 넣으려고 했어요?"

소피아는 이런 말을 들으면 더 주눅이 듭니다. 약간 쭈뼛거리는 뒤통수를 애꿎게 긁적이곤 대답했습니다.

"아… 그럼 넣을게요."
"이상지표 분석한 곳에도 빠져있는 곳이 몇 개 있던데. 저보고 찾으라고 남겨두신 거죠?"
"그건 아니고… 제가 봤을 땐 굳이 이상지표라고 할 건 아닌 것 같아서."

소피아는 조금 힘을 내 대꾸해 보았습니다. 제이미는 잠시 소피아를 바라보더니 눈을 잠시 감았다가 떴습니다. 뭔가 심한 말을 하려다가 겨우 주워 삼키는 듯 입을 잠시 뻐끔거린 후 말했죠.

"그렇게 했다가 괜히 테스트 결과가 잘못 나오면 소피아가 책임질 수 있죠?"
"아니 그렇다기보단…."
"일단 넘어가죠. 제가 밤새우면 되니까요."

소피아의 얼굴은 급격하게 어두워졌고, 당장 누구에게라도 지금 이 미친 상황에 대해 토로하고 싶은 마음이었습니다. 매번 이런 식이었죠. 소피아는 몹시도 지쳐가고 있었습니다.

이번번 에피소드가 꽤나 극단적으로 느껴질 수도 있겠지만 은근히 이런 사람들이 많습니다. 하다못해 편의점에서 물건을 사고 "봉투 드릴까요?"라고 물어보는 아르바이트생의 질문에도 "그럼 손으로 들고 갈까요?"라고 쏘아붙이는 사람들이 많거든요. 그날따라 화나는 일이 있고 예민한 상태일 수도 있겠거니하며 이해해 보려 하지만, 그건 상황의 문제라기보단 대부분 지극히 부족한 공감 능력과 잘못 배운 대화 스킬의 문제가 더 큽니다. 심지어 어떤 분들은 저렇게 말하는 걸 농담 좀 한 걸 가지고 뭘 상처까지 받냐며 오히려 상처받은 쪽이 예민하다고 말하기도 하죠. 이 말투의 핵심은 질문에 대답을 하지 않고 질문으로 받아친다는 것입니다. 물론 상대는 그걸 '대답'이랍시고 하고 있는 것이죠. 상대방이 악의가 있든 없든 상관없이 이런 커뮤니케이션은 서로에게 좋지 않은 결과를 불러올 것입니다.

상처를 받으신 분들은 혹시 자신에게 어떤 문제가 있거나, 저 사람이 날 싫어해서 계속 비꼬고 면박을 준다고 생각할 수 있을 것입니다. 그러나 정작 저런 말투를 지닌 분들은 여러분을 싫어하지 않습니다. 물론 진짜 싫어서 괴롭히는 경우도 있겠지만 정말 그렇다면 오히려 납득하기 쉬워지죠. 기본적으로 저런 말투는 여러분뿐 아니라 편의점, 식당, 독서 모임 어딜가도 똑같을 것이고 그건 그 사람의 특이한 말버릇일 뿐입니다. 우리가 '에… 음… 어… 저… 그…'와 같은 말버릇에 상처받지 않듯 저런 말투도 그런 추임새와 비슷한 느낌이라고 생각해 보세요. 말에 상처를 받는 건 소리가 아닌 의

미때문입니다. 대부분 나를 불안하게 만들거나, 상대가 날 공격한다고 느껴지는데 내가 거기에 대항하기 힘들 때 상처를 받죠. 제이미가 마지막에 한 '제가 밤새면 되니까요'라는 말에 의미가 있다고 생각하시나요? 그건 그냥 소리일 뿐입니다. '힝…' 같은 게 다른 언어로 나온 것과 같달까요.

우리는 말에서 의미를 제거하는 연습이 필요합니다. 저를 포함해 생각이 많은 분들은 언어 뒤에 숨겨진 함의를 유추하고 그것에 따라 반응합니다. 예를 들어 지각한 여러분에게 대표님이 '왜 늦었어요?'라고 물어봤다고 생각해 볼게요. 여러분은 어떤 말을 제일 먼저 할까요. 죄송하다고 하거나 진짜 늦은 이유를 설명할 겁니다. 죄송하다고 말한 분은 '왜 늦었냐'는 언어에 질책의 메시지가 들어있다고 유추했습니다. 그래서 문자 본래 뜻과는 다르게 함의에 따라 반응한 것이죠. 늦은 이유를 설명한 분들은 문자 본래 뜻으로 질문을 이해했습니다. '왜'에만 집중했죠. 왜라고 물어봤으니 그 이유를 알려주는 건 로켓단마냥 인지상정인 것입니다. 만약 상대의 입을 고쳐 놓을 수 없고, 이 상황을 적극적으로 개선할 만큼 용기가 나지 않는다면 언어와 의미를 분리시키는 연습을 해 보세요. 어떤 말을 들었을 때 함의와 뉘앙스부터 생각하지 말고, '문자 그대로의 뜻'을 지니고 있거나 '아무 의미가 없을 가능성'도 함께 선택항에 집어넣는 것입니다. 실제로 사람들이 하는 수많은 언어 중에는 별 의미없는 말들이 매우 많습니다. 잎새에 이는 바람에도 상처받는 우리 마음이지만, 무의미한 소리에까지 상처받을 필요는 없잖아요?

그렇게 말하면
일을 잘하는 게 아니라
그냥 싸가지가 없는 겁니다.

#일을하자 #무례는그만

호의가 계속되면
권리인 줄 안다

저는 마케터입니다. 회사의 SNS 채널을 관리하죠. 다양한 사진이나 글을 올리고 고객들의 반응을 살핍니다. 그것들을 분석해 의미 있는 결론들을 도출하죠. 대부분의 사람들이 알고 있는 그런 일을 하고 있습니다. 그런 저에겐 다소 특이한 이력이 있습니다. 마케터로 입사하기 전, 잠깐 다큐 촬영과 편집을 했었죠. 그래서 영상 편집 프로그램과 카메라를 곧잘 다룰 수 있었습니다. 이 회사에 입사해서도 가끔씩 박람회나 오프라인 행사에 나가면 영상 촬영을 도와드리곤 했습니다.

이번엔 회사에서 새롭게 업데이트되는 앱 기능에 대한 홍보 영상을 촬영하게 되었습니다. 콘텐츠팀이 따로 있었기 때문에 대부분의 영상 촬영과 편집은 그 팀에서 도맡아 진행했죠. 하지만 최근 콘텐츠팀에서 몇 명의 인원이 퇴사하며 이번 프로젝트가 꽤나 빠듯하게 돌아갔던 모양입니다. 콘텐츠팀 팀장님은 카페에서 꽤나 진지한 표정으로 한 번만 도와주면 안 되겠냐고 요청하셨습니다. 편집 자체가 어려운 일은 아니었던 터라, 일단 진행하고 있는 프로모션 끝나는 대로 짬짬이 도와드리겠다고 말씀드렸습니다.

"그래, 진짜 너무 고마워요. 진짜 별거 아니니까 가볍게 컷만 쳐서 주시면 돼요!"
"네, 시간 나는 대로 도와드릴게요!"

그렇게 이틀이 지나고, 결과물을 전달해 드렸습니다. 2시간 정도 지났을까 메일이 왔습니다.

> 몇 가지 수정 사항이 있는데, 반영해 줄 수 있어요? 1분 지나는 시점부터 배경음악이 좀 안 어울리는 것 같고, 자막 폰트랑 인서트 영상이 좀 더 풍부하게 들어갔으면 좋겠는데... 제가 첨부파일에 표시해 놨으니까 업데이트 좀 부탁드릴게요.

다음 날, 역시 시간을 들여 수정한 산출물을 보냈지만, 다시 수정 요청이 돌아왔습니다. 이번엔 영상의 컷이 너무 긴장감이 없다고, 좀 더 속도감을 달라고 하는 요청이었습니다.

이번엔 진짜 마지막이라는 마음으로 다시 하루를 꼬박 수정하여 산출물을 보냈습니다. 그런데 이번에도 수정 요청이 왔습니다. 이번엔 안에 들어간 요소 중 사실과 맞지 않는 부분이 있었다고 그 부분을 빼야 한다는 것이었습니다. 그리고 인서트 컷들이 촌스럽다는 메일도 함께 왔습니다. 그리고 팀장님이 올라오셔서 이런 말씀을 하시더군요.

"그, 한 번 할 때 깔끔하게 잘 해봐요. 이럴 거면 외주를 그냥 맡겼지. 꼼꼼하게 잘 해 주세요."

🗝️ 이런 상황들이 참 많습니다. 디자인을 하는 저에게도 비슷한 경험들이 많죠. 영화 <부당거래>에서 류승범 배우가 핏대 세워가며 말했던 호의가 계속되면 권리인 줄 안다는 대사는 참으로 시대를 관통하는 절대 명제입니다. 이런 상황에서 집중해야 할 사항은 두 가지가 있습니다. 하나는 싸악 바뀌어 버린 콘텐츠팀 팀장의 태도, 나머지 하나는 '네, 시간 나는 대로 도와드릴게요'라는 대답이죠. 우선 콘텐츠팀 팀장님의 태도는 누가 봐도 굉장히 무례해 보입니다. 하지만 실제로 우리가 콘텐츠팀 팀장의 입장이 되면 우리도 비슷한 행동을 하게 되죠. 앞서 말씀드렸듯이 대부분의 무례는 불안에서 나오기 때문입니다.

지금 상황에서 팀장님에게 차선책은 없어 보입니다. 이런 불안과 조급함이 마케터를 믿고 쥐어 짜야 하는 상황을 만들고 말았죠. 아마 팀장님은 '제발 도와줘'라는 말을 하고 싶었을 겁니다. 하지만 예의를 챙기기에는 마음의 여유가 없었을 겁니다. 제대로 결과물이 나오지 않으면 질책이 기다리고 있었을 테니까요. 아마 이 마케터님도 그런 상황을 이해하고 있었기에 도와준다고 말하셨을 거에요. 하지만, 그렇다고 내가 상처를 받아가면서까지 그의 책임을 떠안을 필요는 없습니다. 이런 경우엔 '네, 시간 나는 대로 도와드릴게요'가 아니라 이렇게 말했으면 좀 더 좋았을 겁니다.

"저한테 남는 여유시간이 2시간 정도 있는데, 컷편집까지만 해서 드릴 정도예요. 그동안 후작업할 작업자를 찾아봐 주세요."

나에게 주어진 조건을 정확히 말하고, 어디까지 할 것인지 과업 범위를 명확히 한 뒤 상대방이 해야 할 일을 말해줍니다. 물론 가장 좋은 것은 애당초 저런 부탁을 받지 않는 것이 좋겠죠. 하지만 이미 일어난 일이니 이건 선택항에 넣지 않겠습니다.

저렇게까지 말했는데도 계속 전체를 맡아달라고 부탁한다면 반드시 피해야 할 상황일 것입니다. 상대는 이미 내 입장 같은 건 안중에도 없는 것이거든요. 이때부터는 부탁이 아닌 떼쓰기에 가까워집니다. 적당히 둘러대서 자리를 피하는 방법이 가장 현명할 것으로 보입니다.

반드시 기억해야 할 것은 호의를 일로 베풀지 말라는 것입니다. 호의는 보통 기프티콘이나 삼겹살, 치킨, 비타500 정도가 좋습니다. 핑퐁이 없는 것이어야 하죠. 상대방이 정말 급하고, 나의 가치를 인정해 주고 있다면 반드시 대가를 지불하고 정식으로 일을 맡길 것입니다. 무작정 떼를 쓰며 해달라고 요청하는 건 '평소에도 그게 통했기 때문'이겠죠.

도와줄 수 있는 부분은
여기까지다!
호의를 이용하지 마라.

#일을하자 #무례는그만

결과만 좋으면 됐지 뭘

진휘는 이번 브랜드 행사의 콘텐츠 제작을 담당하고 있었습니다. 영상, 디자인 제작물, 음악까지 행사에 필요한 다양한 소스를 준비했죠. 그 중 행사 스크린에 띄울 브랜드 성장기 영상을 외주로 제작했는데, 문제는 팀장님이 도무지 영상을 맘에 들어하지 않으신다는 점이었습니다.

"이게 뭐냐 진짜. 이게 지금 돈 들여 만든 영상 퀄리티야? 어디 대학생 알바 써서 해도 이것보다 낫겠다. 지금 이거 딱 대강대강 친 거네. 여기도 봐. 자막 폰트 대충 넣은 거 봐라. 아니 담당자가 똑바로 얘길 해야 퀄이 나올 거 아냐."

한참을 듣던 불만의 끝은 결국 진휘의 '물러터짐'으로 향합니다.

이번엔 아예 진휘 옆에서 전화하는 걸 들어보겠다고 했습니다. 지금 진휘의 옆엔 총괄 매니저의 시선이 함께하고 있죠. 어서 전화를 하라는 손짓과 함께 진휘는 버튼을 누릅니다. 외주업체의 오 실장님이었죠.

"진휘 프로님 안녕하세요."
"오 실장님, 안녕하세요. 잘 지내셨죠?"

안부인사가 끝나기 무섭게 매니저의 눈이 우락부락 커집니다. 힘이 잔뜩 들어간 검지손가락으로 수화기를 강하게 몇 번 가리킵니다. 소리는 들리지 않지만 뭔가 입모양으로 지시를 하는데 '세게! 세게!' 라고 말하는 듯했습니다.

"네, 영상 파일은 확인해 보셨나요?"
"아 네 실장님, 안 그래도 그것 때문에 전화드렸는데요. 내부에서 좀… 전체 톤이 너무 차분하다라는 의견이 많아서요… 그…"

진휘는 다시 매니저와 눈이 마주쳤습니다. 매니저는 시선을 허공으로 한 번 휘젓더니, 전화를 끊으라는 듯 목 근처에서 손날을 흔들거렸습니다.

"아, 근데 이번 콘셉트가… 너무 발랄한 게 아니라 진중한 브랜드 영상이고 해서 저희 쪽에서도 그렇게 작업을 한 건데요. 왜 저번에 기획안 보면서 설명을 다 드렸을 텐데요…"

"아… 네 일단 실장님, 저희가 내부적으로 좀 수정 사항들을 정리해서 다시 말씀드릴게요."

쫓기듯 황급히 전화를 끊고난 진휘는 힘이 탁 풀립니다. 매니저는 미간을 찌푸린 채 말합니다.

"아니 지금 연애해? 잘 지냈냐가 지금 왜 중요해? 말귀 못 알아들어요? 지금 우리가 돈을 줬는데 별 쓰레기같은 게 돌아온 거라고. 지금까지 그렇게 커뮤니케이션했어? 이거 이대로 나가서 대표님 빡치고 행사 망치면 책임질 거야? 이번 행사 방송까지 타는 거 몰라요? 아니 진짜 답답하네… 그런 식으로 하면 우릴 아주 호구로 본다니까? 다시 전화해서 딱 똑바로 말해. 제대로 해오라고."

진휘는 벌써 일주일 째 비슷한 얘길 듣고 있습니다. 점심시간이 다 되어가고 있었습니다. 점심 먹은 후 전화해서 말하겠다고 일단 얼버무린 뒤 수정 사항을 정리하고 있었습니다. 진휘는 밥맛이 없었습니다. 누구를 향한 것인지는 모르겠지만 짜증과 분노가 솟구칩니다. 사내 메신저 창에 알림이 뜹니다. 매니저입니다. 전화 끝나고 어떻게 얘기했는지 토씨 하나 빼놓지 말고 그대로 보고하라는 내용이었습니다. 진휘는 다시 전화를 들었습니다.

"실장님, 저희 전반적으로 수정을 좀 해야할 것 같아요."

"아유… 프로님, 이거 데드라인도 얼마 안 남았고, 저희도 이거 만드는 데 공수가 진짜 많이 들었어요. 요청 사항도 다 들어드리고… 수정 사항도 거의 다 반영해 드렸는데 이제 와서 '전반적으로'라고 하면 저희도 힘들죠."

진휘는 어금니를 꽉 깨물었습니다. 명치에서 뭔가 뜨거운 것이 올라오고 손이 파르르 떨렸습니다. 그리곤 자의인지 타의인지 모를 목소리를 내뱉었습니다.

"아니 그거야 실장님 사정이고! 지금 이따위로 영상이 왔는데 그럼 이걸 그냥 내보내요? 지금 뭐 좋게 좋게 말하니까 호구처럼 보시는 거예요? 저희가 뭐 견적을 깎았어요, 데드라인을 촉박하게 드렸어요, 뭘 했어요. 얼마나 걸리든 그건 모르겠고 지금 메일 보낼 테니까 그대로 싹 바꿔서 언제까지 가능할지 정확하게 말해주세요. 끊습니다."

진휘는 전화를 황급히 끊고나서 참았던 숨을 들이마셨습니다. 이윽고 총괄 매니저의 메시지 알림이 떴습니다.

'ㅋㅋㅋㅋ 하니까 잘하네. 그렇게 말해야 들어주는 거예요. 원래 과정은 다 그래. 서로 빡치고 모진 소리 하면서 일하는 거야. 일 끝나고 맥주 한잔하면서 고생했다 이러면 다 풀어지고 그래. 결과가 잘 나오면 서로 다 좋은 거예요.'

🔑 결과만 좋으면 장땡이라는 논리라면 총을 든 사람이 가장 일을 잘하는 사람일 겁니다.

어리석게도 저는 어릴 적에 이 말을 믿었습니다. 결과가 좋으면 모두가 행복해진다는 논리 말이죠. 이 에피소드에서는 3명의 피해자가 나옵니다. 가운데 껴서 고통받는 진휘도, 무리한 요구를 무례하게 받은 오 실장도, 결과 지상주의에 사로잡힌 총괄 매니저도 피해자죠. 이 셋 모두 불행한 결과를 맞게 될 겁니다. 여기서 행복해질 사람은 흡족한 영상에 고개 몇 번 끄덕일 대표님 정도겠죠. 빠르게 성장하고, 급하게 달려가야 하는 사람들은 다른 사람의 어깨를 치고 가도 되는 걸까요? 여기서 '칠 수도 있는 것'과 '쳐도 되는 것'은 다른 얘깁니다. 모든 일에는 삐걱대는 파열음과 갈등 상황이 필연적으로 발생합니다. 자의든 타의든 무례함은 피하기 어렵죠. 이 모든 것을 신경 쓰며 달리는 게 쉽지 않다는 것도 알고 있습니다. 그러나 적어도 그게 '당연한 것'으로 여겨져선 안 되죠. 자리를 마련하든, 마음속의 빚으로 간직하던 어떤 방식으로든 저지른 무례에 대해선 미안함을 지니는 것이 자연스러운 겁니다. 진휘와 같은 입장에 계신 분들이 있다면 혹시나 나의 의지와 무관하게 좋은 결과를 위한 무례를 강요받고 있다면, 또는 나의 '예의'가 일을 그르치고 있다는 생각이 든다면, 꼭 이 말씀을 해드리고 싶어요.

결과는 무례를 정당화할 수 없습니다. 빠른 결과를 위해 무례를 선택했다면 그건 '나태함'에 가깝습니다. 우리는 예의를 갖추면서도 충분히 일을 잘 해낼 수 있어요.

게을러서 무례한 거야,
일 핑계대지마.

#일을하자 #무례는그만

9

이럴 거면 만나자고
하지를 마세요

    미팅은 오전 10시였습니다. 서울 성수동의 한 카페에서 만나기로 했죠. 오늘 만나는 분은 최근 가장 핫하게 떠오르고 있는 배송 스타트업의 제휴 담당자였습니다. 오늘 미팅은 이 회사와의 콘텐츠 제휴를 맺기 위한 자리였어요. 카페에 도착한 건 9시 45분이었습니다. 미리 커피를 한 잔 시켰고, 화장실에 잠시 다녀왔습니다. 그리고 오늘 보여드릴 콘텐츠 기획안들을 정리하고 있었죠. PDF 파일로 꼭 필요한 것만 정리했는데도 10장이 넘어가는 분량이었습니다. 한 장 한 장 넘기며 어떻게 말할지를 생각해 보았죠. 그 무렵 문이 열리고 저를 발견해 걸어오는 그분을 발견했습니다. 저는 자리에서 일어나 인사를 하고 명함을 전달했습니다. 그분은 명함을 받고 뒷주머니에 넣고 입을 열었습니다.

"안녕하세요? 지훈 님이시죠? 가져오신 거 한번 볼까요?"
"네네 일단 커피라도 시키고 시작하실까요?"
"아, 어차피 금방 갈 거라서 그것만 얼른 보고 가려고요."

다급해 보이는 목소리에 일단 자리에 앉아 방금 정리하고 있던 자료를 보여드렸습니다. 두 번째 페이지를 설명할 때쯤 그분의 안색이 좋아 보이지 않았어요. 제가 뭔갈 잘못하고 있나 싶었지만 일단 준비해 온 말은 해야 할 것 같아서 준비한 콘텐츠를 하나하나 보여드렸죠. 4페이지 정도가 되었을 때 그분이 다시 말했습니다.

"일단 거의 다 본 것 같아요. 저희와 뭘 하고 싶다고 하셨죠?"
"네, 저희가 배송, 유통 관련 스타트업 5개 업체와 함께 미니다큐 시리즈를 기획하고 있습니다. 이번 시리즈는 추후 OTT 서비스에 저작권을 판매하는 방식으로…"
"그렇군요. 그게 지금 이 정도 퀄리티로 나온다는 얘기죠?"

그분은 제 노트북을 자기 쪽으로 돌리더니 2페이지에 있던 영상 파일을 다시 저에게 보여주며 말했습니다.

"네, 이미 다른 카테고리에서 작년 7월에 론칭한 경험이 있고…"

저는 다시 노트북을 잡고 7페이지로 넘기며 제작했던 영상 레퍼런스를 켜려고 했습니다. 그때 그분이 제 말에 이어 말했어요.

"아, 근데 회사 이름이 어디라고 하셨죠?"
"네? 아… 저흰 비엑스코라고 합니다."

그분은 저희 회사 이름을 듣고는 혼잣말로 두 번 말했어요. "거기가 어디지? 거기가 어디지?" 그리곤 다시 미소를 띠며 말을 이어가셨죠.

"네, 일단은 알겠는데 뭔가 딱 오진 않네요. 이게 잘 판매가 될 것 같지도 않고…. 사실 저는 딱 잘 팔릴 콘텐츠를 상상하고 왔거든요. 혹시 더 하실 말씀 있으실까요?"
"아… 네, 뒷부분을 보시면…"
"그러면 그건 메일로 보내주시고, 제 메일은 아시죠? 저희 그럼 이제 일어나실까요?"
"그럼… 그…"
"오늘 여기까지 와주셔서 감사해요. 근데 너무 큰 기대는 하지 마시고. 일단 저희가 검토해 보고 메일 드릴게요."

이렇게 그분은 문을 나섰고, 저는 다시 자리로 돌아와 노트북을 덮고 충전기와 마우스 등을 정리했습니다. 제가 마셨던 커피를 치우며 아까의 대화를 떠올렸죠. 말했어야 할 것이 너무도 많았는데, 결국 하나도 제대로 말하지 못했습니다. 그분은 왜 그렇게 바빴을까 싶은 생각도 들었습니다. 다시 사무실로 돌아가야 하는데, 한참 지하철을 타야 할 것 같습니다. 20여 분간의 짧은 미팅은 그렇게 끝이 났습니다.

🗝️ 저는 20대에 영업을 했습니다. 영업을 배우던 시기에 사수로부터 다양한 영업 스타일을 배웠는데 크게 3가지였습니다. 하나는 상대와 공감대를 형성하며 차근차근 스토리를 풀어나가는 방식, 다음은 상대를 압박하며 주도권을 꽉 쥐고 상황을 풀어가는 방식, 마지막은 객관적인 정보만을 주고 고객 스스로 판단하게 만드는 방법이었죠. 아마 위 사례에서의 담당자는 두 번째 방식을 택한 것 같습니다. 지훈 씨는 적잖게 당황했을 것입니다. 한편으론 마음이 상했을 겁니다. 주도권을 빼앗긴 미팅이 즐겁지는 않았을 테니까요.

하지만 대화의 주도권은 어떤 기만이나 무례함으로 확보하는 것이 아닙니다. 충분한 경청과 이해, 예의 있는 태도를 유지하면서도 주도권을 유지하는 게 진짜 능력이겠죠. 무례함은 꼭 뭔가를 '가하는 방식'으로 드러나지 않습니다. 상대방에게서 무언가를 '뺏는 방식'으로 드러날 수도 있죠. 기회, 주도권, 발언의 권리를 뺏기는 쪽은 분명 기분이 나쁘지만 상황과 관계로 이를 합리화합니다. 내가 제안하는 쪽이니 상대는 거절할 권리가 있다는 식으로 그들을 이해하는 것이죠. 분명 선택권이 있는 쪽은 거절 또는 승낙의 권리가 있습니다. 아마 위 사례를 보면서 여러분도 두 사람의 입장이 모두 이해가 되셨을 수 있어요. 하지만 그 태도가 중요하죠. 같은 거절의 말이라도 상대의 입장을 이해하고 차분하게 우리의 사정을 설명할 수 있습니다. 담당자는 분명 급박한 일이 있었거나 경황이 없었을 수도 있습니다. 미팅 전에 이런 점에 대해 미리 양해를 구할 수 있었죠. 내가 누굴 만나는지 회사 이름조차 모르고 찾아오는 건 기본적으로 상대와의 시간에 전혀 에너지를 쓰고 싶은 마음이 없었다는 것처럼 보입니다.

주도권은 상대로부터 뺏어오는 것이 아니라, 양해를 구하고 잠시 빌리는 것이죠. 그것은 상대적이기 때문에 언제든 위치나 상황이 바뀔 수 있습니다. 이 좁은 곳에서 우리가 언제 어떤 모습으로 다시 만날 지 누가 알겠어요. 관계를 위한 최소한의 보험은 '상대가 나에게 써준 시간과 에너지에 대한 존중'이 아닐까 합니다. 상대방의 삶의 일부를 받은 거니까요. 물론 여러분의 시간과 에너지도 함께 존중받아야 마땅하고요.

저기요.
제 말 안 끝났잖아요?
말을 끝까지 듣는 것도
예의입니다.

#일을하자 #무례는그만

새해 인사 정도는
해도 좋을 텐데

설 연휴가 끝나고 다시 일이 시작됐습니다. 그간 밀렸던 메일들을 확인하는 것은 언제나 긴장되는 일이죠. 정현씨는 메일함에 들어가 하나하나 메일들을 살펴봅니다. 그러다 유독 한 메일이 눈에 띄었는데요. 매우 짧은 문장들로 구성되어 있었습니다.

> 말씀 주신 대로 미팅 일정을 말씀드립니다. 익일 오전 9시에 저희 사무실로 와주시기 바랍니다. 더불어 재차 말씀드리지만 미팅 중 나온 내부 대외비 사항에 대해선 외부로의 공유는 물론 녹취, 촬영하는 것이 불가하니 이 점을 잘 숙지하고 준수하시기 바랍니다.

정현씨는 설 연휴가 지난 뒤 받는 메일치고는 꽤나 딱딱한 문장들이라고 생각했습니다. 깜빡이 없이 갑자기 '말씀 주신 대로'부터 시작하는 바람에 정현씨는 자신이 뭐라고 말했었는지 잠시 떠올려야 했습니다. 그리고 숙지와 준수에 이르러선 묘하게 죄인이 된 듯한 기분이 들었죠. 이번 미팅은 협약 차원에서 방문하는 것이었습니다. 새해 인사까진 바라지 않았지만, 예의상 쓰는 '감사합니다'조차 없는 걸 보니 그리 환영받지 못하는 것은 분명해 보였습니다. 정현씨는 상한 마음을 표현하듯 짧은 답장을 보냈습니다.

> 네 알겠습니다. 내일 오전 9시에 뵙겠습니다. 감사합니다.

이 메일을 보내놓고 정현씨는 문득 자신의 소심함이 들킨 것 같아 부끄러워졌습니다. 한편 왜 감사합니다를 썼을까 하는 마음도 함께 올라왔죠.

○━┓ 예의는 현재가 아닌 내일의 우리를 위한 것입니다.

직장인의 단골 멘트인 '감사합니다'는 진짜 감사해서 쓰는 게 아닙니다. 한가득 피드백을 쳐내고 무리한 요구를 들어주면서도 감사하다고 하고, 회의록 체크를 하면서도 감사하다고 합니다. 이 외에도 '안녕하세요, 좋은 아침입니다, 늦었지만 새해 복 많이 받으세요, 건승하시길 바랍니다, 즐거운 하루 보내세요' 등의 문장은 정보가 아닌 관계를 위한 완충제와 같은 역할을 합니다. 친구에게 과자를 건네는 방법은 다양합니다. 손에 쥐여 주는 방법이 있고, 직접 입에 넣어줄 수도 있을 겁니다. 반면 얼굴에 봉지를 집어던질 수도 있죠. 어느 방법이든 '내가 친구에게 과자를 전달했다'라는 사실은 변하지 않습니다. 하지만 앞으로 그 둘의 관계에는 변화가 있을 수 있죠. 그러므로 예의란 '지속성'을 위한 수단입니다.

이번 에피소드에서 메일을 보낸 사람이 잘못한 건 없습니다. 정확한 정보들을 전달했죠. 정현씨는 그걸 온전히 이해했으니 메일의 목적은 다 했습니다. 하지만 사람의 언어에는 '상황'이 반영되기 마련입니다. 설 이후에 복 받으란 인사는 진짜 복을 바라는 말은 아닐 겁니다. 그저 '내가 당신과 별 탈 없이 잘 지내고 싶다'라는 일종의 평화의 신호 같은 것이죠.

보통 저런 메일을 받으면 오묘하게 기분이 상할 겁니다. 죄다 맞는 말이고 딱히 무례하다고 보일 특정한 언어가 없기 때문이죠. 보통 무례란 게 '어떤 말이나 행동을 해서' 느껴지는 것일 텐데, 이번 상황은 좀 다릅니다. '있어야 할 게 없어서 생긴 위화감'과도 같달까요. 상대가 어떤 생각을 하고 있는지, 자신에 대한 감정이 어떤지 전혀 보이지 않아 내 행동을 선택하기도 어렵습니다.

사실 저도 그리 넓은 이해심의 소유자가 아닌지라 저런 내용을 받으면 일단 기분이 상할 겁니다. 저도 정현씨와 같이 짧은 단문의 메일을 보내겠죠. 하지만 보통 저런 상황에 상처받는 사람이라면 본인이 보낸 짧은 단문도 무척이나 신경 쓰일 겁니다. 복수를 한다곤 했지만, 딱히 속 시원하진 않겠죠. 오히려 이걸 보고 상대가 기분 나빠하면 어쩌나 하며 마음 졸일 수도 있습니다. 그렇다면 도리어 더 큰 따뜻함으로 그가 했어야 할 말까지 대신해 주세요.

'좋은 아침입니다, 담당자님. 내일 미팅 때 뵐 생각을 하니 설레는 마음입니다. 긴 연휴가 끝나고 아직 피곤이 가시지 않은 아침이네요. 설날 인사는 제가 두 배로 해드릴 테니 기운 내시고 좋은 하루 보내시길 바랍니다. 내일 뵙겠습니다. 감사합니다.'

마냥 따뜻하고 넉살 좋은 문장 같지만, 은근 할 말은 다 들어가 있죠. 보통 이런 답장을 보내면 짧더라도 '네 새해 복 많이 받으세요. 감사합니다.' 정도의 회신이 오기 마련입니다. 이런 메일을 받고도 아무 답장이 없거나 '네.' 와 같은 단답형 대답이 온다면 셋 중에 하나일 겁니다. 지금 마음의 여유가 하나도 없는 상황이거나, 뭔가 여러분에게 기분이 상했거나, 원래 성격이 그런 사람인 것이죠. 실제로 눈이 시릴 정도의 차가운 메일을 주고받았는데, 만나보니 세상 따뜻한 담당자님도 계셨습니다. 메일과 대면에서 느껴지는 괴리감 때문에 정신을 차릴 수가 없었죠. 언어 하나하나에 의미를 담아 스스로를 힘들게 하지 마세요. 이런 경우에는 그저 일하는 와중에 조금 더 신경 써서 실수 없이 좋은 결과물을 만들어 내면 됩니다. 혹시 실수를 했을 때 같은 지적이라도 저런 말투로 받으면 더 스트레스 받을 테니까요. 여러분의 마음을 위해서 한번에 빠르게 일을 마무리 짓도록 합시다.

본론만 얘기한다고 해서
일을 잘하는 건 아닌데.

#일을하자 #무례는그만

2장
때론 나도 무례한 사람이 된다

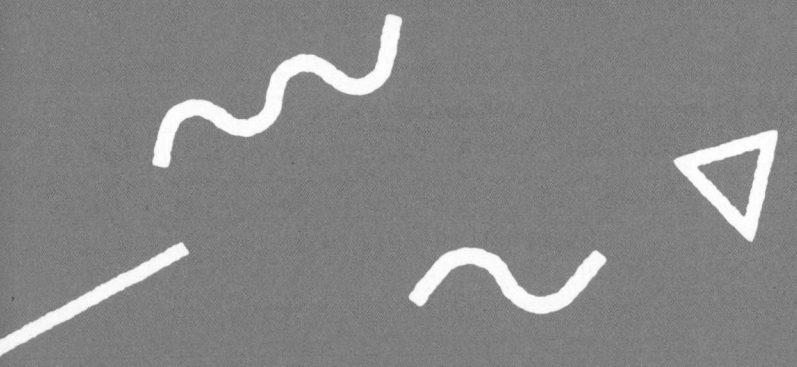

어찌 당신들만 나에게 무례할 수 있겠어요.
나도 당신들께 무례했었습니다. 그땐 몰랐지만,
또는 그때도 알았지만 말하지 못했던 것들에 대하여.

너무 많은 연락에
지쳐버렸다

 오늘은 미팅이 3개였습니다. 서울 강남과 성수, 공덕으로 차근차근 올라오면서 미팅을 진행했죠. 그나마 시간을 잘 맞춰서 망정이지 성수, 공덕, 강남 순서였다면 삼각김밥 하나도 먹기 힘들었을 겁니다. 저는 코스 매니저로 일하고 있습니다. 수많은 강사들을 만나며 강의 프로그램과 일정을 조율하는 일을 하죠. 그래서 하루에도 메신저 대화창이 200개 이상 떠있습니다. 빨간색으로 뜬 숫자를 못 참고 바로바로 읽었던 적도 있었습니다. 첫 1년 정도는 그러했죠. 하지만 한계는 65개 정도더군요. 100개의 대화창이 훨씬 넘어가고 나니 이젠 눌러볼 엄두조차 나지 않았습니다. 사실 메시지를 읽는 것 자체는 문제가 되지 않습니다. 문제는 읽고 나서 시작되는 대화죠. 어쨌든 읽씹(읽고 대답하지 않는 행위)보다야 아예 안 봐서 연락 못 했다고 하는 게 좀 더 낫지 않을까 싶으니까요. 대화창을 읽고 답변하는 순간, 이런 대화가 시작됩니다.

> 강사님 안녕하세요! 너무 오랜만이에요? 그동안 잘 지내셨나요?!

> 네, 매니저님도 잘 계셨나요? 소식은 페이스북 통해서 잘 보고 있습니다!

> 감사합니다. 저야 뭐 늘 잘 지내고 있죠.

> 요즘 엄청 많이 바쁘시죠?

> 아녜요. 그래도 재밌게 일하고 있죠. 어떤 일로 연락을 주셨어요?

> 아, 최근에 이직하셨다는 소식 듣고 인사 한번 드리려고 했는데, 못 드려서요.

> 괜찮아요! 사실 일부러 알리지 않은 것도 있어서ㅎㅎ 오히려 먼저 챙겨 주시니 감사하죠.

> 새로 이직하신 회사는 어떠세요?

> 사람들도 모두 좋고, 일도 많이 배우고 있어요. 한번 놀러 오셔요.

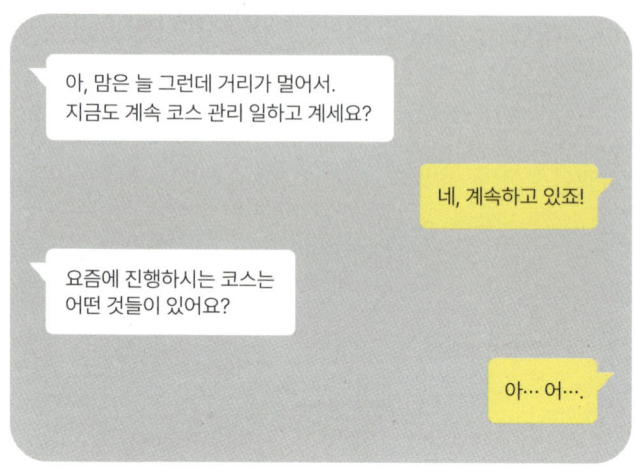

이제 지하철에서 내려서 8번 출구를 찾아야 합니다. 걸어가면서 계속 카톡을 하고 있으니 어지럽더라고요.

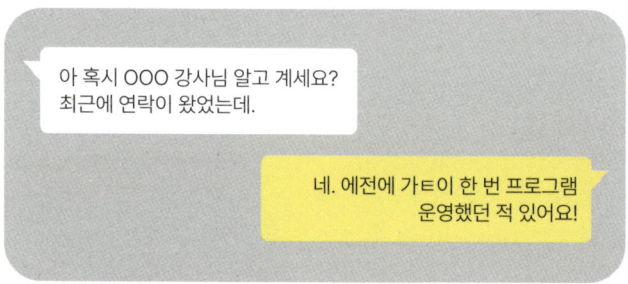

오타가 나기 시작합니다. 중간중간 적절한 이모티콘을 찾아 보

내야 하는데, 가지고 있는 이모티콘 중 적당한 녀석을 찾는 것도 꽤나 손이 많이 가는 일입니다. 오히려 이럴 땐 안부나 인사 없이 용건만 말씀 주시는 분이 감사하기도 합니다. 하지만 사람이 어떻게 또 그러겠어요. 결국 어떻게 지냈냐, 밥은 드셨냐, 새로운 소식 들었다는 등의 스몰토크가 이어집니다. 그 와중에 두 시간가량 미팅을 하고, 지하철을 타고 사무실로 복귀해 프로그램 기획안을 짜고, 회의도 해야 하고 카톡은 계속 울리고 빨간색 숫자는 쌓여만 가죠.

그러다 어느 순간 모든 것을 포기하게 됐습니다. 그냥 읽지 않기로 한 것이죠. 그러던 어느 날 동료 매니저님에게 그리 좋지 않은 소식을 듣게 되었습니다. 일주일 전 다른 스타트업 모임을 갔다가 저에 대한 이야기가 나왔다는 겁니다. 그날의 이야기를 한마디로 요약하면 제가 '잠수를 잘 탄다'라는 것이었습니다. 좀 더 나아가면 '자기 필요할 때만 연락한다', '받아만 놓고 쌩깐다'라는 내용도 있었죠. 인정을 할 수도, 하지 않을 수도 없는 얘기인지라 저는 그저 입을 다물어야 했습니다.

어─── 이번 챕터에서는 우리가 상대에게 무례했던 이야기들을 해보려고 합니다. 그중에서도 우리가 다뤄볼 이야기는 악의가 없었던, 그러나 남의 사정까지 모두 알기 어렵기에 그저 무례한 사람으로 남아버린 사람들의 이야기입니다. 저를 포함한 여러분들 또한 모두 무례함에 상처받아 보셨을 겁니다. 반대로 누군가에게 무례했던 적도 반드시 있죠. 그리고 모두의 무례함에 각자의 논리와 사연이 있습니다.

우선 꼭 짚고 넘어가고 싶은 말이 있습니다. 자칫 이 모든 이야기들이 '사연이 있다면 무례해도 된다'라는 메시지가 되지 않길 바랍니다. 또는 '너도 무례했던 적이 있으니 인과응보라고 생각해라'라는 메시지는 더더욱 아닙니다. 이 챕터의 메시지를 정확하게 언급하자면 다음과 같습니다.

"무례는 상황이 만든다. 실수했다고 해서 숨어버리지 말자. 우리에겐 '진심 어린 사과'의 기회가 남아있다. 이 기회를 놓치지 말자."

우선 사연의 주인공을 살펴볼게요. 여러분도 끝도 없는 카카오톡 메시지와 전화, 문자 메시지에 시달려 보신 적 있나요? 사실 메시지를 보내는 사람은 내 상황을 모른 채 일방적으로 전하는 경우가 많습니다. 제 경험을 생각해봐도 고객과 미팅 중이거나, 복잡한 거리를 걸어가고 있었거나, 너무 손이 시렵거나, 강의 중이거나, 한참 일에 빠져있을 땐 손가락을 놀리기가 영 힘들었습니다. 단답형으로 대답을 보낼 때도 있고, '잠시 후 연락드리겠습니다'라는 문자를 보내놓고 잊어버릴 때도 종종 있었죠.

그러다 오해를 사는 경우가 있었습니다. 에피소드의 주인공처럼 피곤해서 드러누워버린 후 하루가 지나고, 이틀이 지나고 결국 사과할 타이밍을 놓쳐버리는 것이죠. 차라리 '왜 이렇게 연락이 안 되세요? 제가 카톡을 몇 번이나 보냈는데요.' 라고 항의를 해주시는 분은 감사하죠. 사과할 기회를 주시니까요. '제가 이러이러한 사정으로 그 때 연락을 놓친 후 사과할 타이밍을 잡지 못했다. 송구하고 민망하게 생각한다'는 식으로 해명할 수도 있습니다. 무서운 건 이렇다저렇다 말없이 그냥 상처받아버리는 경우죠.

이번 챕터의 사연들은 저와 제 주변의 이야기입니다. 어쩌면 여러분들의 이야기이기도 할 것입니다. 여러분이 이번 챕터의 주인공이라면 실수가 무례로, 무례가 오해로 번지게 놔두지 마세요. 혹시 상처받은 입장이라면 상대의 무례 뒷편에 숨겨진 상황을 살펴봐주세요. 이건 무례를 합리화하고자 함이 아닙니다.

'내가 만만한가. 내가 쉬워보이나?'는 생각으로 괴로워하거나 '날 무시하다니 철천지원수처럼 당신을 파괴해버리겠어!'라는 생각으로 괜한 에너지를 쓰지 말라는 것입니다.

서로의 관계를 미움으로 규정하기 전에 우리에겐 한 번의 기회들이 더 있습니다. 사과와 이해. 이런 얘기들을 해보려고 합니다. 우리는 서로에게 상처 주지 않으면서도 에너지를 아끼며 원하는 대화를 할 수 있습니다. 피의 복수로 끝나는 분노 내지는 나는 답도 없는 멍청이로 귀결되는 자괴감이 아니라 서로가 서로의 상황을 좀 더 객관적으로 볼 수 있는 시간이 되길 바랍니다.

누구나
손가락이 지치는
날이 있지.
나도 그렇고.

#작은용기 #빠른사과

깜빡했는데
사과 타이밍을 놓쳤네

어제는 행사가 있었습니다. 스타트업 대표와 실무자들이 모여 올해의 트렌드를 예측하고 업무에 어떻게 적용시켜야 할지 스터디하는 행사였죠. 약 50명 정도가 모였고 연사들의 발표가 시작되었습니다. 발표가 끝나면 각 연사들을 대기실로 안내했고 다음 연사분을 모셔 무대로 올리는 것을 반복했죠. 마이크가 나왔다 안 나왔다 하는 바람에 진땀을 빼야 했습니다. 두세 번 정도 마이크를 교체했던 것 같아요. 그렇게 세 번째 연사의 발표가 끝나고 네 번째 연사를 올린 후였습니다. 발표를 마치고 대기실에 계시던 세 번째 연사분은 이름만 들으면 대부분 알 수 있는 큰 스타트업의 대표님이었습니다. 간단한 대화가 오고갔습니다.

"제니씨, 행사 준비를 진짜 잘하셨네요. 생각보다 많이 모여서 깜짝 놀랐어요."
"아! 감사합니다. 저희도 신청받았을 때 깜짝 놀랐어요. 코로나 때문에 다들 걱정이 다 가시지 않았을 텐데도 많이들 모여주시더라고요. 이런 행사가 많이 필요했나 봐요."
"그러게요. 아, 맞다. 이 대표님은 지금 어디 계세요? 인사드리고 가려고 하는데."

저희 대표님을 찾는 말이었습니다. 아까 얼핏 보기론 뒷자리에 앉아있었던 것 같았습니다. 그래서 냉큼 대답했죠.

"아, 아까 뒤에 계셨던 것 같은데 제가 전달할게요. 잠시 기다려주세요."
"네, 대기실 밖에서 기다릴게요."

대답을 듣고 대기실을 나와 관중석 쪽을 쭉 둘러보았습니다. 아까 분명 저기 계셨는데 지금은 또 보이지가 않네요. 아마 화장실을 가셨거나, 다른 분과 얘기 중이시겠죠. 전 옆에 있던 동료에게 물어봤습니다.

"대표님 어디 가셨어요?"
"아, 아까 밖으로 나가시던데?"
"그래요? 멀리 가시나…?"
"그건 아닌 것 같고 잠시 차에 다녀오신다고 했던 것 같아요."

그 순간이었습니다. 네 번째 연사로 발표하시던 분의 마이크가 갑자기 꺼졌습니다. 무대에 있던 담당자가 저에게 손짓했습니다.

"마이크! 마이크!"

그는 마이크를 쥐는 손 모양으로 소리 없이 외쳤습니다. 저는 재빠르게 콘솔 쪽으로 달려갔죠. 핸드마이크가 계속 문제를 일으키는 게 내심 짜증 나던 차였습니다. 아예 핀마이크로 교체를 해야겠단 생각이 들었죠.

"핀마이크 어딨어요? 핀마이크?"
"여기 있어요. 지금 다시 끼우게요?"
"마이크 자꾸 나가는 것보다 나은 것 같아요."

황급히 핀마이크를 들고 무대로 뛰어가 연사분의 허리춤에 마이크를 끼우고 테스트를 했습니다. 다행히 마이크는 잘 작동했습니다. 시선을 잠시 돌려 기다리고 계시는 다른 회사 대표님을 바라봤습니다. 핸드폰을 하고 계셨죠. 그러나 네 번째 연사의 발표도 거의 끝나가고 있었습니다. 빨리 다섯 번째 연사를 대기시켜야 했죠. 마침 다섯 번째 연사분이 대기실로 들어오셨고, 핀마이크를 인계받아 재빠르게 채웠습니다. 프레젠테이션에 필요한 PPT 자료를 점검하고, 슬라이드를 넘길 프레젠터 사용법을 알려드렸죠. 그리고 네 번째 연사가 발표를 끝내고 내려오셨고, 또 스몰토크가 잠시 이어졌습니다. 식은땀이 나기 시작했죠. 빨리 대화를 끝내야 한단 생각에 시선이 자꾸 다른 곳으로 맴돌았습니다.

이윽고 대화를 끝났고 대표님이 들어오는 걸 발견했습니다. 그리고 재빠르게 뛰어가려는데, 기다리시던 스타트업 대표님의 자리가 비어있었죠. 시간은 15분이 훌쩍 지나있었고 아마 기다리다 그냥 가신 것 같았습니다. 죄송하다고 인사를 드려야 하는데, 그러기 위해선 연사들의 연락처 정보를 확인해야 했습니다. 하지만 저기선 연사들에게 전달할 아이스 아메리카노가 도착했고 그렇게 정신없는 행사를 마치고 보니 6시간이 훌쩍 넘어있었습니다.

뒷정리를 마치고 의자들을 재배치하고 가방을 들었을 땐 해가 저물어 깜깜해진 뒤였죠. 이로써 저는 기다리라고 해놓고 가타부타 설명도 없이 사라져버린 후 사과 문자 하나도 없는 근본 없는 실무자가 되어버렸습니다.

❶ 무대와 행사를 원활하게 이끌며 행사의 신으로 불리는
일 잘하는 실무자
❷ 기다리라고 해놓고 잠수탄 후 사과도 없는 실무자

두 사람은 모두 같은 사람입니다. 누구의 입장에서 관찰되느냐에 따라 다르겠죠. 아마 이분이 뒷담화의 주인공이 된다면 이런 대화가 오고 갈 것입니다.

"아 진짜 제니는 행사할 때 진짜 대박이야. 돌발 상황이 생겨도 당황하는 거 절대 없어. 천생 일잘러라니까."
"그래? 난 저번에 행사 참석했을 때 보니 솔직히 좀 그랬어. 기다리라 해서 완전 나 20분 넘게 혼자 기다렸는데 안 나타났거든. 이후에도 연락 한 번 없더라고. 솔직히 행사 끝나고 나서라도 한 마디 할 수 있는 거 아냐? 이러이러해서 응대를 못했다 뭐 이런 식으로라도."
"진짜? 그건 또 의외네?"
"어차피 일잘러 뭐 그런 거 다 좀 부풀려진 거라니까."
"하긴 나도 저번에 대화할 땐 좀 영혼 없이 하긴 하더라. 바쁘니까 그런가 보다 했는데, 빨리 끝내고 싶어 해서 좀 눈치 보이긴 했지. 너무 티 내더라고."

제니는 퇴근 후 집에 갔을 것입니다. 그리고 다음 날이 되었을 때에도 연락을 하지 못했을 겁니다. 원래는 다음 날이라도 어제 그

렇게 응대를 잘 못해드려 죄송했다 뭐 이런 멘트가 있어야 했겠죠. 상식적으로는 그렇습니다. 하지만 그런 모든 것들은 사실 타이밍이란 게 있는 법이죠. 사과도 시간이 지나면 좀 뜬금 없어집니다. 상대방이 크게 클레임을 걸지 않으니, 나도 크게 반응하지 않게 되죠. 그렇게 하루 이틀이 지나가고 유야무야 넘어가버리고 맙니다. 그때의 사실은 잊힐 것입니다. 하지만 이미지는 점점 선명해지겠죠. 오래도록 구석에서 기다리다가 돌아간 대표님은 처음엔 이해해 보려 했을 것이고, 불편했다가, 어이없다가 점점 근본 없는 실무자에서 인성 문제가 있는 게 아닐까, 나를 우습게 본 건가, 무시하는 건가? 이렇게 감정이 발전할 수도 있을 것입니다.

제니의 상황을 한 번 다시 봅시다. ❶ 대표님이 잠시 자리를 비웠고 ❷ 마이크가 갑자기 고장 났고 ❸ 다섯 번째 연사를 대기시키고 ❹ 발표가 끝난 네 번째 연사가 말을 걸었습니다. 하나하나 살펴보면 모두 그럴 수 있고 상식적이죠. 하지만 이것들이 연달아 쌓이는 순간 제니에게도 기다리는 사람에게도 납득하기 힘든 상황이 됩니다. 이렇게 누적된 변수는 서로에게 다른 현실을 만듭니다. 우린 이렇게 분리된 현실 간의 간격을 '오해'라고 부르죠. 나의 현실과 제니의 현실이 달라지는 것입니다. 기억도, 감정도, 풍경도 달라집니다. 그래서 흔히 이렇게들 말합니다. '나도 나름의 사정이 있었어.'라고.

우리가 말하는 사정은 항상 상식적으로 흘러가지 않습니다. 디테일한 변수 몇 개만 쌓여도 상황은 비상식적인 노선으로 흐릅니다. 이 상황에서 제니가 할 수 있었던 선택항은 현실적으로 많지 않아보입니다. 가장 좋은 건 변수가 한두 개 쌓였을 때 빠른 판단을 하는 것이죠.

'오늘은 얘기를 나누기 힘들 것 같다. 아무래도 상황이 좀 복잡하다.' 라고 말씀드리고 상황을 정리해버리는 것입니다.

차선책은 행사가 모두 끝난 후 그러니까. '오늘이 지나기 전' 양해와 사과를 전하는 것이었습니다. 차차선책은 다음날 직접 전화를 드리거나 작은 선물을 드리며 장문의 사과를 전하는 것이겠고요.

시간이 지날수록 사과의 무게도 함께 늘어가게 됩니다. 팩트 자체는 변하지 않았지만 상대의 기분나쁜 감정이 점점 커져가고 있거든요. 늦었다는 생각이 들더라도 작은 용기를 내어 문자를 남겨봅시다.

실수인 걸 알았다면
늦어도 괜찮으니
문자라도 하나 남겨주지.

#작은용기 #빠른사과

13
목소리가 작은 것도
'무례'인가요?

저는 디자인 회사에 입사했습니다. 첫날은 매우 화기애애했어요. 많지 않은 동료들과 자기소개하며 앞으로 잘해보자는 인사말도 나누었지요. 먼저 계셨던 디자인팀의 팀원들은 꽤나 활발했습니다. 그런데 저는 목소리가 작습니다. 특히 사람이 조금이라도 많아지면 개미 발자국 소리만 한 목소리가 되었어요. 문제는 여기서 시작되었습니다. 한 달 정도 지났을까 저에게 이상한 소문이 들려오기 시작했습니다. 제가 사람들을 무시한다는 것이었죠. 처음엔 이게 뭔 소린가 싶어 영문도 모른 채 불안해하고 있었습니다. 그리고 오늘 그 실체를 알게 됐죠. 팀장님은 조용히 할 얘기가 있다며 근처 카페로 저를 불렀습니다.

"세리님. 최근에 팀원들이 저에게 준 피드백이 있어서 대화를 요청드렸어요."

"네…."

"혹시 팀원들과 함께 일하면서 어떤 어려움이나 불만 같은 게 있을까요?"

"아뇨. 다들 좋은 분들이라…."

"음… 사실 저도 세리님과 함께 일하면서 여러 번 팀원들과 비슷한 경험이 있어서 안 그래도 한 번쯤 물어봐야겠다 싶긴 했는데… 혹시 약간 어울리기 힘들어하나 싶어서요."

"그런 건 아니에요."

"사실 얘기가 있었던 건 사소한 부분이었어요. 팀원들이 세리님께 인사를 했을 때 받아주지 않았다는 것부터, 물어봐도 잘 대답해주지 않거나 갈 때도 아무 말 없이 그냥 나갔다는 얘기들이 있었어요. 아 물론 꼭 뭐 퇴근할 때 말을 해야 하는 건 아닌데, 팀원들이 들어가라고 말하자 대꾸도 안 하고 그냥 가더라는 얘기가 있었어요. 사소한 부분이긴 한데 이게 이래저래 많이 쌓였나 봐요."

"어… 아닌데. 그건 오해인 것 같아요. 다 인사했거든요…."

"저도 세리님이 팀원들을 무시하거나 그런 의도가 아닐 거라고 생각은 했어요. 그렇게 얘기도 했고요. 그런데 함께 일하는 입장에선 조금 더 어울리고 한 팀이라는 소속감 같은 게 필요한 것 같아요."

"네…."

대화를 하면서 여러 가지 생각이 들었습니다. 제가 뭐라고 팀원들을 무시하겠어요. 아침에도 인사했고, 질문에 대답도 모두 했던 것 같아요. 적어도 누가 인사하는데 그걸 그냥 지나칠 정도로 상식 없는 사람은 아니라고 자부했거든요. 사실 억울한 면도 있었습니다. 소속감이 꼭 활기차고 큰 소리로 대화해야만 생기는 건가, 이런 오기 같은 생각도 생겼지요. 퇴근 후 집에 오는 길에 친구들이 모여 있는 단체 채팅방에 오늘의 에피소드를 남겨보았습니다. 놀랍게도 친구들도 비슷한 반응이었어요.

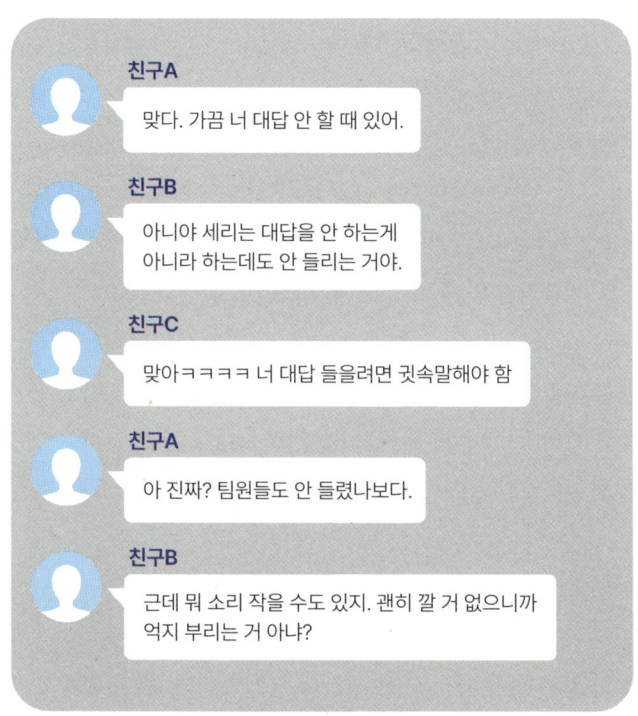

> **친구A**
> 근데 난 약간 공감. 나도 가끔 답답할 때 있긴 하거든.

 핸드폰을 끄고 침대에 누웠습니다. 내일 출근해서는 좀 더 크게 인사해 봐야겠단 생각도 해봤어요. 하지만 이제 와서 갑자기 친한 척한다고 뭐라 하진 않을까, 아니면 팀장님한테 혼나서 정신 차렸다, 이렇게 생각할까 봐 오히려 망설여지기도 합니다. 뭔가 첫 단추부터 잘못 꿰매진 것 같은 느낌이었어요. 이제 입사한 지 두 달 남짓인데, 이제 와서 도망치기도 힘들겠죠. 목소리 작은 것도 무례한 건가요.

🗝️ 목소리가 작은 게 무례한 건 아닙니다. 모든 사람이 항상 쾌활하고 우렁차게 대화를 해야 하는 것은 아니니까요. 세리님도 팀원들도 포인트를 잘 잡아야 해요. 일단 에피소드의 주인공인 세리는 작은 목소리로 인한 오해를 전해 들었습니다. 그렇다고 다음 날부터 갑자기 우렁차게 인사할 순 없을 거예요. 아마 그 다음 날도 똑같겠죠. 우리가 앞서 살펴봤던 무례는 대부분 상식과 비상식의 괴리에서 발생했습니다. 하지만 이번 에피소드는 기대와 충족의 괴리에서 발생한 무례함입니다.

세리를 제외한 나머지 팀원들은 굉장한 외향형입니다. 행사와 이벤트를 즐기고 목소리도 큽니다. 싸우는 줄 알았더니 점심메뉴 정하고 있는 중이었죠. 이런 분위기에서 팀원들은 세리에게(어쩌면 새로운 멤버로서) 기대했던 액션이 있었을 것입니다. 그 액션은 단순한 커뮤니케이션이 아니라 한 집단에 소속되기 위한 일종의 관문 같은 것이었겠죠. 대부분의 인간 집단은 집단에 소속되기 위한 어떤 의식이 있습니다. 그게 선명하게 드러나는 경우가 있고 (오리엔테이션이나 신고식 같은) 암묵적인 이벤트를 통해 동료임을 인정하는 경우가 있죠. 사실상 함께한 시간이 오래되었다고 해서 집단에 소속되었다고 보진 않습니다. 3년 내내 유령처럼 지내는 아웃사이더들도 있으니까요. 회사는 일하기 위해 모인 집단입니다. 집단에 소속되어야 같이 '일을 할 수 있다'고 인식하겠죠. 그래서 일 외적인 부분에서 소속의식이 벌어집니다. 출퇴근 인사나 탕비실 잡담이나 점심시간 수다, 워크숍 참여 등 비업무적인 커뮤니케이션이 그것이겠죠. 여기에서 관계를 형성하고 유대가 생겼을 때 소위 '함께 일할 자격'이 주어집니다. 아주 감정적인 관점에서 말이죠.

세리가 이 사태를 해결할 때 필요한 건 육성대화가 아닙니다. 자신의 약점을 보완하는 것은 너무도 어렵고 시행착오가 많죠. 오히려 약점을 인정하고 대안을 선택하는 것이 더욱 좋은 방법일 수 있겠습니다. 목소리는 작지만 텍스트에는 성량이 없습니다. 글로 팀원들에게 오해가 있었음을 알리고, 사실 나는 작은 목소리를 지녔다, 부끄러워서 더 작아지고 말았다, 하지만 글로 표현하는 것은 잘한다, 그러니 우렁찬 텍스트로 인사하도록 하겠다고 말합니다. 이건 사죄나 해명의 글이 아니라 '자기소개'의 관점이어야 합니다. 내가 어떤 사람이고 어떤 특징을 지녔는지, 그리고 그것이 악의가 없음을 밝히는 것이죠. 이로써 관계를 회복하고 집단의 일원으로 본인의 캐릭터를 구축합니다.

팀원들이 기억해야 할 것은 따로 있습니다. 누군가를 집단으로 받아들이는 암묵적인 기준은 자연스러운 것입니다. 문화가 독특할수록 그 허들은 높죠. 이러한 허들은 내부와 외부를 분명하게 구분 짓고, 우리만의 색깔을 만들고 유지하는 데에 큰 도움을 줍니다. 다만, 문화란 것이 '특정한 사람'을 모아놓은 것이 아님을 기억해야 합니다.

예를 들어 간단한 대화조차 메신저로 나누는 조용한 분위기의 사무실이 있어요. 이곳에 유일한 활기찬 직원은 매일 아침 인사에 전혀 대꾸해주지 않는 팀원들 때문에 상처받곤 했습니다. 그곳은 '조용한 사람'들만이 들어올 수 있는 곳이 아닙니다. '팀'이잖아요.

또, 모두가 딱딱한 이과 감성을 지니고 있는데 문과 감성의 아이디어를 꺼냈다가 엄청나게 공격당한 사례도 있었죠. 서로의 감성이 다른 거지 그 사람의 아이디어가 잘못되었거나 주제에 어긋난 것이 아니었음에도 말입니다. 그곳은 '이과'들만 들어올 자격을 갖춘 게 아닙니다. '팀'이잖아요.

최근 MBTI를 채용에 적용해서 특정한 성향의 사람들을 배제하는 것으로 논란이 되었습니다. 적어도 회사의 문화는 다양한 사람들이 각자의 방법으로 공동의 목표를 해석하고 실천하는 데에서 시작합니다. 지금은 오해가 있었으니 팀원들의 감정이 상한 것을 이해할 수 있겠습니다. 하지만 그게 오해였다는 걸 알고 나서가 중요하겠죠. 역시 우리와 어울릴 수 없다며 갈라 친다면 그건 더 이상 문화가 아닌 차별과 혐오의 시작이 되는 것이거든요. 오히려 집단이 세리에게 굉장한 무례를 범하고 있는 꼴이 됩니다.

무례함은 그것을 되돌릴 수 있는 한 번의 기회가 있습니다. 세리에게는 다음 날 팀원들에게 전하는 장문의 글이 될 것이고, 팀원들에게는 그 이후 세리에게 건네는 시원한 커피 한 잔이 그것이겠죠. 이 둘은 과연 그 기회를 잘 잡을 수 있을까요?

어쩌면 당신의 무례는
나의 오해였는지도 모른다.

#작은용기 #빠른사과

말실수를 수습하려다
더 큰 말실수를 해버렸다

저희 팀은 유독 함께 밥 먹는 것을 좋아했습니다. 먹성들이 좋아서 혼자 가면 시킬 수 없는 요리들을 잔뜩 시켜놓고 함께 나눠먹곤 했죠. 점심시간은 입으로 넣는 음식만큼이나 입으로 뱉는 말도 많은 시간이었습니다. 그날은 어쩌다 보니 서로의 대학시절에 대해 이야기하게 되었습니다. 보통 이런 주제의 이야기는 캠퍼스 라이프를 늘어놓는 스몰토크여야 했는데, 이야기를 하다 보니 점점 주제가 이상하게 흘러가고 말았습니다. '대학시절, 과제를 해결하는 문제해결능력이나 자기계발 활동의 적극성'에 대해 지방대와 서울 쪽 대학의 차이점으로 주제가 넘어간 것이죠. 신나서 이야기를 하다 보니 작년 지방 대학에서 강의했던 에피소드까지 나오게 되었습니다. 제 말의 요지는 확실히 강의를 갔던 학교 학생들의 적극성이 떨어지더라는 내용이었습니다. 다들 어색한 웃음을 지으며 말

소리가 점차 작아지기 시작한 것도 그때부터였습니다. 명백히 차별과 잘못된 일반화에서 나온 말이었죠.

"아니 진짜로 그렇더라고요. 대부분 졸고 있었고, 뭘 물어봐도 다들 대답도 없고 그래서 엄청 뻘쭘했거든요. 서울의 A대학교에 갔을 때는 분위기가 완전 달랐는데."
"아… 하하하… 근데 다 그런 건 아니고 그것도 사람마다 다르지 않을까요."

옆에 있던 다른 팀원분이 수습하려는 듯 멋쩍게 웃으며 말을 풀어나갔습니다. 저도 말실수를 했단 사실을 알게됐죠. 공교롭게도 실제 그 학교를 졸업하신 분이 그 자리에 있었다는 사실도 알게 됐습니다. 저는 당황하며 말을 이어갔죠.

"아… 뭐 그렇기도 할 것 같아요. 확실히 사람마다 차이점이 있긴 하겠죠, 하하하. 그때 그 애들이 엄청 피곤했을 수도 있겠어요. 거기가 지방대긴 한데 캠퍼스가 진짜 커서 막 수업 들으러 버스 타고 다녀야 할 정도였거든요. 하하 진짜 캠퍼스에서 연구동 찾느라 저도 20분 정도 헤맸던 것 같아요. 역시 땅값이 싸서 그런 건가, 하하하."

핀트가 틀렸네요. 갑자기 땅값 얘기는 왜 한 걸까요. 다른 팀원들의 표정이 굳어지기 시작했습니다. 저는 등줄기가 조금씩 젖어가는 것을 느끼기 시작했죠. 서둘러 다른 주제로 말을 이어갔습니다.

"근데 뭐 대학은 요즘 중요하지 않은 것 같긴 해요. 어차피 전공대로 가는 사람도 많지 않고, 사실 거기서 배운 거랑 실무는 완전 별개라도 봐도 되지 않겠어요?"

"근데 전 교수님이 실무 위주로 과제를 주로 내주셨는데 입사하고 나서 은근히 적용하고 있는 부분이 많긴 해요."

"오…. 역시 명문대는 좀 다른가!"

"아니, 명문대 뭐 그런 걸 떠나서 저희 교수님이 더 열려있는 분이었던 것 같기도 하고…."

전 이 대화에서도 또 명문대 타령을 해버렸습니다. 한순간에 본인의 출신 대학이 알려진 그 팀원은 좀 당황한 기색이었습니다. 저도 덩달아 더욱 긴장했고 계속 대학 얘기에 깊게 파고들기 시작했습니다.

"이제 우리 슬슬 일어날까요?"

팀장님이 말을 끊고 자리를 정리하셨습니다. 아까 먹은 밥이 어디로 들어갔는지 느낄 새도 없이 수많은 말이 입에서 터져 나온 후에야, 저는 관성처럼 남은 몇 마디를 웅얼거리며 자리에서 일어났습니다.

아마 사무실로 돌아간 후 에피소드의 주인공은 갑분싸(갑자기 분위기 싸하게 만드는)의 주인공이 되지 않았을까 합니다. 어쩌면 인서울 우월주의자나 편협한 시선의 소유자로 낙인찍혔을 지도 모르죠. 사회생활은 기본적으로 캐릭터 싸움입니다. 건강과 인성 이외에 지켜야 할 것이 있다면 돈보다 '캐릭터'라고 말하고 싶네요. 우린 누구나 사회적 자아를 형성합니다. 그것은 나의 본래 성격과 다를 수도 있죠. 사회적으로 형성된 캐릭터는 본래의 나와는 다른 평판과 명성을 쌓아갑니다. MMORPG 게임처럼 게임 속 캐릭터의 레벨을 높이는 느낌이기도 하죠. 이번 에피소드에서 주인공이 모두에게 무례했는지는 판단하기 어렵습니다. 사람마다 그 어색함을 어떻게 받아들였는지 확인하기 어려우니까요. 하지만 분명 일정 부분의 평판을 잃은 것은 분명해 보입니다.

말실수를 하면 당황하기 마련입니다. 보통 이럴 땐 얼굴이 빨개지며 입을 다물거나, 더욱 많은 말로 말실수를 덮으려고 하죠. 어느 경우든 침대에 누웠을 때 이불을 차게 되는 건 매한가지겠지만요. 주인공은 후자의 해결책을 선택한 것 같네요. 말은 꽤나 늪과 같습니다. '대학'이란 단어로 말실수를 저지른 순간, 주인공의 머릿속엔 '대학'만 맴돌기 시작했을 겁니다. 프레임에 갇힌 것이죠. 이제 그는 계속 대학 얘기를 더 늘어놓으며 방금 했던 말을 중화시키려고 할 겁니다. 보통 중화의 과정은 저지른 말보다 훨씬 많은 텍스트를 필요로 합니다. 그리고 그 텍스트는 갈 곳을 잃고 질질 흐르죠. 말실수는 계속 이어지고, 해결하려 할수록 말은 더 자극적으로 변해갑니다. 앞에 했던 말을 덮을 만큼 자극적인 소재를 찾게 되거든요. 주인공이 선택할 수 있던 가장 좋은 방법은 너무 무겁지 않게

"방금 제가 말실수를 한 것 같습니다. 차별의 의도가 아니었습니다."

라고 말한 후 다시 남의 말을 경청하는 것이었습니다. 언어의 늪에 빠지기 전에 얼른 발을 빼고 멈추는 것이죠.

만약 여러분이 함께 있는 팀원이었다면 두 가지 선택항이 있었을 겁니다. 어색한 미소를 지으며 속으로 '왜 저래…'라고 생각하는 방법과 '어? 지금 말실수 한 것 같은데!? 하하 그런 뜻 아니죠?'라며 상대를 언어의 늪에서 구출해 주는 방법이 있죠. 어느 쪽이 옳다고 할 순 없습니다. 구출은 의무가 아니라 선택의 문제니까요. 세상은 몹시도 빠르게 돌아가고, 우린 남의 캐릭터까지 신경 쓸 여유는 없다는 걸 잘 압니다. 사실 이상한 사람이라 여기고 손절하는 게 서로 맘 편하고 깔끔할 수도 있겠죠. 하지만 마음의 여유가 된다면 상대방에게 한 번 정도 해명할 기회를 만들어주는 것도 좋은 방법이 될 것입니다. 우리 모두는 실수를 하니까요.

당신의 말실수를
또다른 말로 덮지 마세요.
말실수의 해답은
"죄송합니다."뿐.

#작은용기 #빠른사과

분위기에 휩쓸린 뒷담화

　기획팀에 새로 들어온 그녀는 밝은 성격은 아니었지만, 성실하고 묵묵히 일하는 친구였습니다. 하지만 조용한 성격 탓인지 다른 팀원들과 사이가 그리 살갑진 못했죠. 하지만 그렇게까지 틀어진 상황은 아니었습니다. 문제는 앱 업데이트를 하면서 신규 고객들을 대상으로 진행하는 프로젝트에서 시작했습니다. 그녀가 전담했던 첫 프로젝트였죠. 협업하는 사람들이 많이 걸려있던 터라 그녀는 꽤나 긴장했던 모양입니다. 실수가 잦았죠. 사람들은 버전 관리가 제대로 안된 기획안 때문에 외부업체와 잘못된 소통을 했습니다. 제작물이나 일정 등 커뮤니케이션 사고가 생기면서 다들 난처한 입장이 되고 말았습니다. 그때부터였을까요. 사람들은 그녀를 곱게 보지 않기 시작했습니다. 그녀가 쓴 기획안이 정말 최종 버전이 맞냐며 의심을 했고, 삼삼오오 모여 그녀를 뒷담화하기 시작했죠. 대표님도 지난번 사고로 꽤나 신경이 예민해져 있었습니다.

"내가 이거 체크하라고 몇 번 말했어요. 마지막으로 소통한 게 어떤 거예요? 히스토리 관리는 됐어요?"

대표님은 그녀가 가져온 결과물을 보며 언성을 높였습니다. 그녀는 숙인 고개를 들지 못하고 웅얼거리듯 말했습니다.

"저번 주에 얘기했을 때는 잘 이해했다고 하셨는데…"
"아니 내가 메신저에 내용 실시간으로 공유하라고 했죠. 왜 세나씨는 공유를 안 해요? 그러니까 이렇게 맨날 사고가 나잖아. 히스토리 파일 어딨어요. 가져와 봐요."
"잠시만요…"

그녀는 자리로 돌아가 컴퓨터를 한참 만지작거렸습니다. 메일함에 숨어있는 지난 메일들을 찾는 중이었죠. 5분이 채 되지 않아서 저에게도 불똥이 튀더라고요.

"유진씨, 세나씨랑 친하죠. 아니 수다만 떨지 말고 이런 업무적인 부분을 조언해 주고 그래요. 혼자만 잘하면 다야? 협업이 지금 전혀 안되고 있잖아요. 그럼 동료로서 뭔가 알려주고 그래야지, 여기 뭐 놀러 온 것도 아니고."
"아… 네. 죄송합니다…"

딱히 마음이 상한 것은 아니었지만 대꾸할 말은 없었습니다. 그래도 열심히 하더라고 말해야 했을까요. 우여곡절이 많았던 프로젝트가 끝나고 회고 겸 회식 시간이 돌아왔습니다. 근처 치킨집에서 다들 맥주 한잔하며 이런저런 얘기를 하고 있었죠. 세나씨는 왕따 아닌 왕따를 당하고 있었습니다. 스스로 결과보고서를 끝내고 합류하겠다고 했지만, 내심 함께하는 자리가 편하지 않아 피하려고 이유를 만든 거였겠죠. 회식 시간이 길어지며 한 명 두 명 취하기 시작했습니다. 세나씨에 대한 이야기가 자연스레 나오기 시작했죠.

"아니, 솔직히 내가 이래서 처음에 수습 기간 때 일 빡세게 시켜야 한다고 그랬잖아요. 어?"

"저는 사실 뭐 이렇게까지 말할 건 아니지만 일 못하는 건 죄라고 생각해요 진짜."

"죄지, 죄야. 여러 사람 힘들고, 돈 나가고…. 솔직히 죄송하다고 해서 끝날 문제들이 아니잖아요?"

"아니 유진씨는 세나씨랑 무슨 얘길 그렇게 해? 둘이 원래 뭐 알던 사이에요?"

듣고만 있던 와중에 화살이 저에게 돌아왔습니다.

"아뇨, 그건 아니고 그냥 일 얘기하면서 친해진 거죠."

"유진씨도 어? 얘기하면서 뭐 싸한 느낌 없었어? 그럼 딱 미리미리 얘기도 해주고 그래야지. 둘이 아주 쿵짝만 잘 맞아서."

"그런 건 아니고… 조금 힘들어 하긴 했는데 제가 뭐 이래라저래라 할 처지도 아니고 그래서."

"허허, 힘든 사람은 지금 여기 다 모여 있는데 왜 본인이 힘들어해. 유진씨는 같이 일하면서 답답한 거 없었어요? 아니 솔직히 가장 가깝게 일하는 사이인데 좀 그랬을 거 같은데?"

"뭐 답답한 거보단 긴장을 많이 했나 보다 했죠."

불편한 질문이 계속되었고 알게 모르게 짜증이 치밀어 오르기 시작했습니다. 사실 틀린 말은 아니었죠. 몇 번이나 마케팅에 필요한 콘텐츠를 다시 바꾸어야 해서 저녁 약속을 여러 번 취소했거든요.

"아니 지금 들어온 지 반년이 돼가는데 무슨 긴장을 해. 유진씨랑 얘기할 땐 완전 널널해 보이더만. 그래서 어떻게 했으면 좋겠어. 유진씨가 책임지고 옆에서 전담할 거야 어쩔 거야."

"네? 제가요?"

취기 어린 말이었겠지만 전담을 하라느니, 책임을 지라느니 하는 얘긴 아무래도 부담이 되었습니다.

"저는 그냥 지금처럼 혼자가 편해요."

"거봐 유진씨도 말은 안 해도 이미 지금 짜증이 난 거야. 절친이라 말은 못 하고, 그지?"
"아 절친 아니에요. 저도 많이 당했다고요."

아마 이쯤 말했을 때였을까요. 문 앞에 서있는 그녀를 발견할 수 있었습니다. 그녀와 저는 3, 4초 정도 눈을 마주쳤고 다른 멤버들도 그녀의 존재를 눈치챘을 무렵, 그녀는 조용히 문을 닫고 나갔습니다. 그리고 1, 2주간 조용히 회사를 다니며 몇 번 대표님과 얘기를 주고 받는 듯싶더니 결국 퇴사를 결정했다는 소식을 들었습니다. 다른 사람을 통해서 말이죠.

그녀가 떠나는 마지막 날, 점심을 먹고 홀로 들어오던 그녀를 불러 커피를 마시며 얘기했습니다.

"상처 많이 받았죠…?"
"…"
"미안해요, 그러려고 그랬던 건 아닌데, 다들 너무 몰아붙이는 바람에 저도 모르게 짜증이 나서…"
"…"
"미안해요."

그녀의 침묵이 잠시 이어졌고, 그녀는 마지막 한 마디를 내뱉고 먼저 일어나 보겠다며 카페를 나섰습니다.

"이유야 어쨌든, 그게 유진씨의 선택인 거잖아요."

저는 카페에 잠시 남아, 그녀의 말을 곱씹었습니다. 그게 내 선택이었던 것일까, 나는 그때 무슨 선택을 더 할 수 있었을까. 이게 내 탓인가. 왜 하필 그때 들어와서… 아니지. 그래도 뒷담화를 한 거니까… 그래도 난 심하게 하진 않았는데….

⚬━╼ 개인이 개인에게만 무례함을 범하는 건 아닙니다. 조직이 개인에게 무례할 때도 있죠. 따돌림의 형태는 그 대표적인 예입니다. 일 못하는 사람이 있을 수 있습니다. 여러분이 그 사람 때문에 피해를 본 경우라면, 이번 에피소드에서 대표님이나 팀장님에게 공감할 수도 있겠습니다. 하지만 그게 분위기가 되어서는 안되죠. 지적을 하고, 명확한 해결책을 함께 모색해야지 한 사람을 비난하는 것으로 이 문제를 덮어선 안됩니다. 과연 프로젝트의 실패가 세나씨 혼자만의 문제였을까요? 모르긴 몰라도 모두가 조금씩 실수를 했을 겁니다. 그러나 모두가 그걸 그녀의 탓으로 돌리고 있었겠죠. 조직을 단합시키는 가장 비열하고도 손쉬운 방법은 한 사람을 죄인으로 몰고 가는 일입니다. 명백한 선악구도를 만들 수 있죠. 일 못하는 건 주변에게 피해를 주는 거고, 피해를 주는 건 '죄'라는 단순한 논리로 말입니다.

너흰 누굴 공격해야만
단단해지는 집단이니?

#작은용기 #빠른사과

'그렇게 됐네'가 아니라
미안하다고 해야죠

　셋이 다시 만난 건 무려 3년 만의 술자리에서였습니다. 한때 우린 다 같은 영업팀 소속이었죠. 입사 동기이기도 했고 함께 지방 지사에서 동고동락한 경험도 있어, 그때 당시의 우리에게는 '전우'라는 표현이 어울렸습니다. 그러나 인사고과 앞에서 전우애는 희미해지기 마련이죠. 셋은 일하는 방식이 모두 달랐습니다. 민아는 조용하지만 완벽하게 일을 처리하는 타입이었습니다. 좀 더 소비자 중심의 서비스를 만들어야 한다고 생각했죠. 태형이는 손이 정말 빨랐고 쾌활했습니다. 영업 성과를 내는 데 집중하는 타입이었습니다. 덕분에 빨리 메인 부서로 발령받아 탄탄대로를 걷게 되었죠. 저는 좀 다른 방식을 택했습니다. 민아처럼 정석대로 움직이지도, 태형이처럼 좋은 영업 수완이 있는 것도 아니었던 터라 눈치로 승부하기로 했죠. 어떻게 해서든 살아남아야 했으니까요.

태형이는 이미 메인 부서로 이동한 터라 우리 팀엔 민아와 저 그리고 3명의 팀원들이 더 있었습니다. 우리 모두 이번 연도 인사평가 때문에 긴장하고 있었죠. 저희 둘 다 올해 승진 대상자였기 때문입니다. 그 무렵 팀장님이 바뀌었어요. 새로 오신 팀장님은 빠른 성과와 눈에 보이는 액션을 중요하게 여기는 분이었습니다. 저는 팀장님이 오신 지 하루 만에 그분의 스타일을 눈치챌 수 있었습니다. 개인 미팅을 진행하며 저의 매력을 한껏 어필해야 했죠.

"진규씨 이야기는 오기 전에도 많이 들었어요. 아래층에서 자주 봤었죠? 이렇게 만나게 되니 새롭네요. 민아씨랑 거의 투톱으로 팀을 이끌어가고 있다는 소문이 있던데 합이 아주 잘 맞나 봐요."

"아 네, 팀장님. 민아는 꼼꼼하고 정석을 추구하고, 저는 액션하는 스타일이라 성격은 다르지만 업무적으론 시너지가 많이 나고 있습니다. 이번에 G사 서버 구축 건도 민아가 조사한 자료를 바탕으로 영업 뛰었던 거라, 도움이 많이 됐었죠. 하아 근데 진짜 힘들긴 했어요. 그래도 좋은 성과 올리고 나서 팀장님 뵐 수 있어서 너무 좋습니다."

"맞아요, 안 그래도 그 건 성공시켰다는 거 듣고 캬… 전임 팀장님이 워낙 FM인 분이라서 크게 표현은 안 하셨는데 그 건만큼은 칭찬하시더라고요. 아니 일곱 번인가 돌진했다면서요?"

"네 사실 3, 4번째에 거의 될 것 같았는데 그때 딱 사건 터지면서 뉴스에도 나오고 아주 심장이 쫄렸거든요. 그래도 그때 저희가 물심양면으로 도와드리면서 관계를 형성했던 게 큰 도움이 된 것 같습니다."

"인재네, 인재. 하하하. 저랑 일할 때도 잘 부탁해요!"
"그럼요 그럼요!"

하지만 저는 알고 있었습니다. 이 건의 대부분은 민아의 전략기획안 때문이란 걸 말이죠. 큰 사건이 터졌을 때 대응책과 협업 전략을 구축했던 것도 모두 민아였습니다. 하지만, 그런 얘기까지 다 할 순 없었죠. 거짓말을 한 건 아니니 괜찮을 거라고 생각했습니다. 그리고 '저희'라고 분명히 민아까지 포함해서 얘기하긴 했으니까요.

아니나 다를까 한 달 두 달이 지나면서 민아와 팀장님은 조금씩 의견 충돌이 생겼습니다. 팀장님의 새로운 영업 전략이 민아가 주장하는 서비스의 본질과는 맞지 않았거든요.

"민아씨, 민아씨가 말하는 게 틀렸단 얘긴 아닌데, 지금 우리가 논문을 쓰자고 여기 있는 건 아니잖아요? 본질 중요하지, 알지. 내가 그걸 모르겠어요? 근데 일단 우리가 해야 하는 일을 잘 해야 위에서도 기회를 준단 말이죠. 의무를 다해야 뭐갈 할 수 있는 권리가 생기는 거잖아요. 내 말이 맞죠?"
"하지만 저는 그런 부분이 조금씩 쌓여서 결국 큰 피해로 돌아올 것이라고 생각합니다. 이 프로젝트는 결코 작은 건이 아니에요. 만약 이 기획안대로 진행한다면 분명 엄청난 컴플레인이 발생할 거예요. 그때 치러야 할 비용이 더 크지 않을까요?"
"그 부분은 아직 뚜껑을 열어보지 않았으니 우리가 확신할 수 없어요. 하나하나 그렇게 무서우면 아무것도 못하는 거라고요. 진규씨는 어때요. 진규씨 생각도 같아요?"

팀장님의 질문에 다소 난처했습니다. 민아와 눈이 마주쳤죠. 저는 팀장님의 편을 들어주었습니다. 팀장님은 몹시 기뻐하셨죠. 팀장님과 민아의 사이가 틀어질수록 민아는 팀에서 조용한 왕따가 되어가고 있었습니다. 그리곤 큰 프로젝트를 독차지하기 위해 혼자 억지를 쓴다는 소문까지 돌았죠.

"아니 솔직히 이번 프로젝트 엎어지면 민아씨는 엄청 기분 좋을 거 아녜요? 예언대로 됐으니까. 인사고과철 되면 꼬옥~ 저렇게 혼자 우격다짐으로 캐릭터 잡는 사람들이 있어. 아니 진규씨도 민아씨 오래 봤을 거 아녜요. 그지? 내 말이 틀려?"
"네네 사실 민아씨가 좀 심하긴 했습니다. 고과 때문에 더 예민해져서 그런 것도 있겠죠. 근데 워낙 본질을 좋아하는 친구라서 점점 고집이 세지나 봐요."

우리는 술자리에서도 그녀를 뒷담화했습니다. 결국 인사고과 결과, 최종 승진 대상자는 제가 되었죠. 민아는 이번에도 제외됐습니다. 그 일이 있고 난 후 6개월 뒤 민아는 퇴사를 했고 저는 3년째 이곳에 머물며 내년도 차기 팀장으로 승진할 예정이었습니다.
우리의 술자리는 태형이의 결혼 소식 때문이었습니다. 모처럼 만난 자리는 반갑고 재밌었지만, 3년 전의 이야기를 하하 호호 떠들 순 없었죠. 잠시 조용한 이야기가 오고 가다 태형이가 전화를 받기 위해 자리를 비웠을 때였습니다. 잠깐의 침묵이 흐르더니 민아가 입을 열었습니다.

"근데 말야, 너 내가 고과 때문에 캐릭터 잡으려고 그랬다고 했었다며?"

저는 잠시 말을 할 수 없었습니다. 하지만 분명 팀장님과 각을 세우며 본인 스스로 인사평가의 대척점에 선 것도 큰 몫을 했다고 생각합니다. 갑자기 싸해진 분위기를 애써 풀어보고자 얘기했죠.

"에이, 뭐 그땐 팀장님 비위 맞추느라 대충 그런 거지… 뭐 그렇게 됐어 그냥."
"그렇게 됐다니."
"아니 뭐 그땐 다들 그렇게 하는 거였어. 여하튼 지금 잘 살고 있으면 됐지. 너도 지금 애 낳고 잘 살잖아, 하하 하하, 한잔 해 한잔 해!"
"그렇게 됐다고 하는 게 아니라 미안하다고 해야지."
"에이 뭘 그런 다 지난 일 가지고, 짠 이나 하자."

○━━ 치고받고 싸웠던 기억은 물리적인 상처를 입힙니다. 무례했던 기억은 자존감에 상처를 입히죠. 진규는 내심 자신의 행동이 민아에게 좋지 않은 영향을 미칠 것이라는 것을 알고 있었습니다. 알지만 자신의 이득이 먼저였겠죠. 지금까지 쌓아온 본인의 커리어가 누군가의 상처 위에서 만들어진 것이란 사실을 인정하고 싶지 않았을 것입니다. 정당했던 선택들의 결과가 현재의 자신이라고 생각하고 싶겠죠. 우린 무엇보다 나 자신을 먼저 방어하고 싶어합니다. 누군가에게 사과를 한다는 것은 언어를 넘어선 자기성찰과 인정의 과정이 필요합니다. 용기를 필요로 하죠. 진실에 마주할 용기 또는 자신을 부정할 용기 말입니다.

잠시 저희 집 강아지 이야기를 해보겠습니다. 소심한 성격의 저희 집 강아지는 고기를 무척 좋아하는데 주면 주는 대로 와구와구 먹는 바람에 고기를 손으로 잡아 뜯어줄 때가 있습니다. 강아지는 제 손을 물지 않기 위해 조심조심 고기를 먹는데, 가끔 너무 배가 고팠던 나머지 실수로 손을 깨물 때가 있습니다. 그럼 서로 당황하죠. 강아지는 자기 실수를 알고 있습니다. 눈치를 보며 손가락을 핥아주죠. 그 당시의 실수는 강아지도 사과할 수 있습니다. 하지만 1년 전 있었던 일에 대해 사과할 순 없죠. 그건 인간이 지닌 '언어'가 있어야 가능합니다. 언어의 기능엔 과거의 사실을 떠올리고 재현하는 것도 있으니까요. 우린 3년 전의 기억도 다시 언어로 재현해 탁상 위에 올려놓을 수 있습니다. 그때의 감정과 잘못에 대해서도 말이죠. 말이란 상처를 주기도 하지만, 때론 그걸 치유하는 유일한

길이 되기도 합니다. 진규의 마음은 십분 이해합니다. 그가 비겁했다고 비난할 수도 있겠지만, 누구도 그런 상황에서 자유로울 순 없죠. 다만 지금 진규는 선택의 기로에 섰습니다. 진규는 어떤 선택을 하게 될까요. 과연 민아를 치유할 언어를 꺼낼 수 있을까요. 여러분들의 언어는 어떤가요. 누군가를 치유할 수 있는 선택이 주어진다면 어떤 행동을 하시겠어요?

'그렇게 됐네'가 아니라
미안하다고 해야지.

#작은용기 #빠른사과

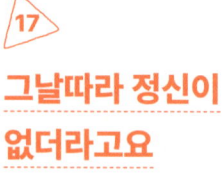

그날따라 정신이
없더라고요

    오전부터 정신이 없었습니다. 제가 담당하고 있던 제작물 제작 외주사에선 인쇄 사고를 터뜨렸고, 프로모션 기획안은 오늘 오전까지 제출해야 했으며, 여기저기서 오늘따라 왜 이렇게 저를 찾는 일들이 많은지 아주 머리가 터질 지경이었죠. 점심은 가볍게 에너지바로 때웠습니다. 생각해 보니 모닝커피 한 잔도 못했네요. 말도 많고 탈도 많은 점심이 지나고 2, 3시가 넘어가자 이미 영혼은 퇴근해 이불 속에 들어갔고, 껍데기만 남은 채 책상에 앉아있었습니다. 그때 메시지 알림음이 울렸습니다.

> 매니저님, 저희 이제 곧 도착합니다!
> 로비에서 연락드리겠습니다.

맙소사, 미팅이 있는 걸 깜박했네요. 오늘은 이번 마케팅 행사를 담당해 줄 기획사와 미팅이 있었습니다. 15분밖에 남지 않았네요. 황급히 노트북을 챙기고 팀장님께 연락을 드렸습니다. 그리고 급하게 미팅룸을 예약하려고 했지만 아… 미팅룸이 이미 다 차버리고 말았네요. 하아, 할 수 없이 제일 작은 4인룸을 쓸 수 밖에 없었습니다. 팀장님이 내려오시더니 아니나 다를까 4인실 밖에 없냐고 한소리 하셨어요.

깜박했단 얘긴 차마 못했고, 일단 우겨 들어가 보면 어찌 되지 않을까란 생각을 했습니다. 업체 대표님과 매니저님, 담당자분이 오셨고, 저흰 팀장님과 저 이렇게 해서 총 5명이었습니다. 할 수 없이 가운데 의자를 놓아 좀 민망한 상황이 연출되었죠. 미팅은 업체 대표님의 프레젠테이션으로 시작되었습니다. 행사의 개요나 세부 내용, 콘셉트에 대한 설명이 쭈욱 이어졌죠. 문제는 제 영혼이 먼저 퇴근해 버렸다는 것입니다. 업체 대표님 목소리가 너무 나긋나긋 하시더라고요. 점점 눈은 감기는데 차마 졸 수는 없어서 간신히 쌍꺼풀에 힘을 주고 버티고 있었습니다.

게다가 리액션조차 할 수 없는 상태였어요. 그래서 업체 대표님이 자꾸 저를 바라보시며 얘기를 하셨던 것 같습니다. 본의 아니게 냉혹하고 엄격한 심사관처럼 되어버린 것이죠. 가뜩이나 무표정하면 화난 것처럼 보이는 인상이라 엄마가 항상 웃고 있으라고 했었는데, 이 순간만큼은 정말 안면근육을 통제할 수 없었습니다. 그러던 와중 업체 대표님이 저에게 무언갈 물어보셨어요. 사실 뭐라고 하셨는지 못 들었습니다. 차마 못 들었단 얘긴 못하고 얼버무려버렸죠.

"음… 네… 어… 그건… 더 들어보고 답해볼게요."

아니 세상에. 무슨 면접관도 아니고 뭘 더 들어보고 답한다는 것이었을까요. 사실 그 자리는 저희가 부탁을 드리는 입장이라 향긋한 파나마 게이샤 원두로 드립커피를 내려 대접해도 시원찮을 자리였습니다. 미팅이 끝나고 나서 인사를 드리고, 자리로 돌아가려는데 팀장님이 잠깐 보자고 하셨습니다. '하아… 뒤졌구나.'

"샐리, 오늘 무슨 일 있어요? 그쪽에서 뭐 잘못했어요?"
"아뇨, 오늘 너무 피곤해서 대꾸할 기운이 없었어요."
"그래도 그러면 안되지. 손님을 모셔놓고 그렇게 인사도 제대로 안 하고, 답변도 안 하고, 무표정하게 있으면 얼마나 서로 당황스럽겠어요. 물론 우리 돈 주고 일을 맡기는 거지만, 협업해야 하는 사이잖아요. 피곤하면 말을 하고 잠시 빠져있었어야지."
"네… 죄송합니다…"

○━━ 사정을 알면 상대를 비난하기 어렵습니다. 인간이 지닌 공감 능력은 생존을 위해 존재하기 때문에 부정적인 것보다 긍정적인 방향으로 결론을 내려고 하죠. 관계를 유지하는 쪽으로요. 하지만 대부분 우리는 상대의 사정을 알기 어렵습니다. 그래서 표면으로 드러난 행동으로 관계를 결정하죠. 아마 업체 대표님은 돌아가면서 꽤나 기분이 안 좋았을 겁니다. 무시 또는 갑질로 여겼을 수도 있죠. 이 둘이 원만하게 협업하기 위해선 먼저 실무자인 샐리가 업체 쪽에 사과 메시지를 보내야 할 것입니다. 가급적 빨리 말이죠. 그때 제가 너무 아침에 일이 많아서 피곤해서 그랬다, 이러이러하니 죄송하다고 설명하면 의외로 쉽게 풀어질 것입니다.

재밌는 건 오히려 팀장님과의 관계죠. 팀장님에게는 샐리가 '피곤하면 무례해지는 친구'로 남았을 수도 있습니다. 당사자끼리는 쉽게 풀어질 문제가 관찰자에겐 이미지로 각인되는 것입니다. 사실 이런 경우가 제일 난감해요. 관찰자에게는 사과를 할 수도 해명을 하기도 애매하거든요. 관찰자는 모든 상황을 감정이 아닌 정보로 해석합니다. 그리고 정보에 새로운 의미를 덧씌워 재구성합니다. 샐리가 엄청나게 피곤할 상태여서 그랬다는 맥락을 알았음에도 불구하고, 자신이 본 상황이 사라지진 않습니다. 그저 '하나의 정보'가 더 추가된 것뿐이죠. 관찰자에게 ctrl+z(실행 취소)는 없거든요. 물론 지금 당장에야 아무 일도 일어나지 않을 것입니다. 하지만 추후 샐리가 뭔가 실수를 저지르거나 오해를 받을 상황에 놓였을 때 오늘의 사건이 샐리에게 불리하게 작용할 수 있을 거예요. 팀장님의 증언이 더해질 것이기 때문이죠. '저번에도 그러더니?'라는 식으로 말입니다.

무례함은 꼭 당사자끼리의 감정이 아니라는 점을 기억해 두세요. 그 행위를 지켜보는 관계 밖 사람들에게도 무례함은 '정보'로써 기억됩니다. 사회생활에서 이미지가 얼마나 중요한지는 굳이 언급하지 않아도 여러분들이 더 잘 알고 계실 겁니다. 만약 이런 상황이 발생해서 이미지에 핸디캡이 발생했다면 당분간은 좀 조심스럽게 행동해야 할 거예요. 사람들은 우연에 의미 부여하기를 좋아하거든요. 특히 연속된 우연이라면 말할 것도 없죠.

힘든 건 알겠는데,
그렇게 앉아 있을 거면
가서 쉬는 게 어때요?

#작은용기 #빠른사과

사회생활할 땐
할 말만 하면 되는 거 아닌가요

저는 한 기업의 대표입니다. 30명 정도 되는 구성원들과 함께하고 있죠. 얼마 전 내부의 건의사항을 듣는 미팅 자리에서 인사팀 팀장으로부터 흥미진진한 얘기를 들었습니다. 회사 내에서 조금 더 인간적인 부드러운 대화가 있었으면 좋겠다는 것이었죠. 우리 회사는 데이터를 다루고 있습니다. 데이터 기반의 의사결정을 하고, 매일매일 지표를 측정하고 있습니다. 모든 프로젝트가 끝나면 회고 회의를 진행해 성과를 전사에 공유합니다. 내부 구성원들의 의견은 이 과정에서 나오는 피드백이 너무 직설적이고 날카롭다고 했습니다. 인사팀 팀장은 구성원들의 의견을 정리해 이렇게 보고했습니다.

❶ 대표님의 피드백이 수치에 근거한 것이기는 하나 그것을

전달하는 과정에서의 부드러움이 필요하다.

❷ 잘하고 못한 점을 너무 수치로만 판단하는 것은 억지스럽다.

❸ 일하자고 모인 것이긴 하지만 여기도 하나의 사회이므로 직설과 무례함은 구분해야 하지 않을까.

인사팀 팀장님이 말을 이어나갔습니다.

"짧고 간결하게 전달하시는 것이 대표님 스타일인 건 잘 알지만, 조금 더 돌려 말하는 것이 있으면 어떨까 해요. 이를테면, 저번에도 '통보'라는 단어를 쓰셨는데, 멤버들이 느끼기엔 너무 일방적으로 느껴질 수 있을 것 같아서 '어젠다'나 '논의할 점' 등으로 부드럽게 표현할 수 있지 않을까 해요."

"거짓말을 하라는 건가요?"

"네?"

"논의를 하지도 않을 거고, 이건 주제도 아닌데 그걸 그런 단어로 쓰면 안 되죠. 저는 분명히 제 생각을 일방적으로 통보하고 있고, 그걸 통보라고 말했을 뿐인데 그게 왜 잘못됐죠? 사람들이 착각하고 있는 게 있어요. 가져온 피드백을 좀 볼까요? 전달하는 과정에서의 부드러움… 저는 가장 솔직하고 간결하게 팩트를 전달하는 것이 오히려 서로에 대한 오해와 불신을 줄이는 길이라고 생각해요. 제가 역으로 질문하고 싶은 게 있는데, 만약 그걸 전달하는 과정에서 불필요한 단어들이 붙게 되고 그것 때문에 오해가 생기고 또 다른 방향으로 서로 일하게 된다면 그건 누가 책임져야 하는 거죠? 제가 내용을 전달하는 건 그 사람들이 일일이 화면이나 종이로 봐야 하는 걸 말로 전달하고 있을 뿐입니다. 종이와 화면에 감정을 실어서 돌려 말하는 표현이 있나요? 왜 육성에서만 그걸 요구하는지 잘 모르겠어요. 두 번째 잘하고 못한 점을 수치로만 판단하는 것이 억지스럽다… 그럼 뭐로 판단해야 하는 걸까요? 이걸 쓰신 분에게 되묻고 싶네요. 제가 인성이나 인격, 도덕성, 성장지표 같은 주관적인 기준을 만들어서 종합적으로 판단하길 바라시는 걸까요? 과연 그랬을 때 이분이 행복한 회사 생활을 할 수 있을까요? 제가 수치로만 평가하는 건 다른 부분에 대해선 터치하지 않겠다는 뜻입니다. 여기에 사내 문화 협응력, 커뮤니케이션 능력 등 정성적인 부분을 넣는 순간 사람들이 지키고 평가받아야 할 요소들은 수십 가지로 늘어나요. 그걸 원하고 있는 걸까요? 마지막으로 직설과 무례함이라. 여긴 동아리가 아닙니다. 일하자고 모인 곳이죠. 사회는 하나의 목표를 향해 달려가지 않아요. 그냥 존재하는 것이죠. 기업은 그냥 존재하지 않습니다. 성장하지 않으면 멈추고, 그 순간 도태돼요. 아직도 여길 무슨 사회로 여기고 있는 사람이 있다면 크게 착각하고 있는 것 같네요."

"그래도 사람이 감정이란 게 있으니, 그걸 고려해 줘야죠."

"제가 거짓말을 하는 것도 아니고, 욕을 하는 것도 아니고, 인격적으로 모독을 하는 것도 아닙니다. '목표했던 결과에서 몇 프로 달성했고, 결과를 달성하지 못했으니 규정에 따라 레벨이 이렇게 내려가는 것'이라는 사실을 전달하는 데 왜 그걸 듣는 사람의 감정까지 제가 생각해야 하죠? 이미 합의가 된 내용 아니었나요?"

"하지만 지금의 방식이 계속된다면 못 견디고 이탈하는 구성원이 생길 수도 있고, 아무래도 유대감을 형성하기가 어렵습니다."

"유대를 대표와 형성해야 하나요? 유대는 함께 일하는 멤버들끼리 형성하면 되는 것입니다. 대표는 같이 노는 사람이 아니에요. 그리고 그렇게 부드러운 언어로만 유대가 형성되는 사람은 도대체 어떤 삶을 살아온 거죠? 온실보다 더 따뜻한 곳에서 사랑의 언어만 먹고 자란 사람인가요? 저희 회사는 분명한 성과와 데이터로 얘기하는 곳이고 그것에 적응하지 못한다면 이탈하는 것이 당연합니다. 여러 번 말했지만 저는 스페셜리스트를 원해요. 숫자에 미친 사람들만 남는 것을 원합니다. 그게 유대감을 해칠 수 있지만, 유대감이란 게 중심 가치를 해치면서까지 추구할만한 가치가 있는지는 모르겠습니다."

이 대화가 끝난 후 인사팀 팀장은 뭔가를 더 말하려다 삼키고 알겠다며 자리를 떴습니다. 아마 무슨 이런 신박한 미친놈이 다 있나 싶었을 것입니다. 저도 알고 있습니다. 물론 저도 집에 돌아가면 딸바보 아빠이기도 하고, 어른들에겐 제법 애교도 떠는 타입입니다. 하지만 여기는 일하는 곳 아닌가요. 우리 회사의 원칙은 명확함과 팩트입니다. 이게 무례함이 된다면, 저는 무례한 사람으로 남으려고 합니다.

🗝️ 에피소드를 읽다 보니 뭔가 홀리는 기분이기도 합니다. 대표님은 분명 구성원에게 무례한 사람일 것입니다. 그러나 이 대표님을 비난하기 전에 혹시 우리가 놓친 것은 없는지 신중하게 생각해보도록 합시다. 아래 두 가지를 한 번 고민해 볼까요?

❶ 에둘러 부드럽게 표현한다면 무례하지 않은 것인가.
❷ 사전에 선포된 무례함도 무례함이 될 수 있는가.

먼저 1번.
부드러운 표현이 항상 예의바른 것은 아닙니다.
날카로운 표현이 항상 무례한 것도 아니죠.

전달의 태도(형식)는 메시지(내용)와 어울려야 합니다. 무례한 메시지를 부드럽게 표현하면 엄청 무서울 것 같아요. 반대로 너무 긴 얘기로 상대방의 시간을 잡아먹거나, 무슨 말인지 알아듣지 못하게 기만하는 것은 무례함에 가깝습니다.

대표님은 명확하고 짧고 강렬한 커뮤니케이션을 선호하는 편입니다. 그게 잘못된 것은 아닙니다. 다만 고려해야 할 것이 있습니다. 대표님은 욕을 한 것도 아니고, 일 잘하자고 명확하게 얘기한 건데 뭐가 잘못이냐고 반문했습니다. 분명 욕은 하지 않았지만 '대표의 말'과 '직원의 말'엔 무게의 차이가 있습니다. 그와 나의 관계가 동등하지 않기 때문이죠. 예를 들어볼게요. 친구와 장난치다가 '야, 꺼져'라고 말했다고 쳐볼게요. 친한 사람끼리의 대화에선 단어 자체나 그 내용 하나하나를 신경쓰지 않습니다. 헛소리도 하고, 욕도 하고, 했던 얘기 또 하기도 합니다. 둘의 관계와 시간이 재밌으면 된 거죠. 하지만 동등하지 않은 대표와 직원관계에서 대표가 '야, 꺼져'라고 했다고 쳐볼게요. 블라인드에 올리는 순간, 순식간에 논란에 휩싸이고 걸러야 할 회사가 될겁니다.

같은 단어를 쓰는게 중요한 게 아닙니다. 명백히 리더의 언어는 단어 자체와, 책임과 직급이 주는 무게감까지 함께 더해져서 전달된다는 걸 이해해야 합니다. 물론 대표님의 생각이 '이 무게를 못견딜거면 그냥 퇴사하세요'라면 오히려 효율적일 수도 있겠지만, 보편적인 관점에서는 무례하다는 것을 인지해야 합니다.

다음 2번. 이미 채용공고, 홈페이지, 면접, 수습 교육기간 동안 회사의 딱딱한 문화에 대해 명시가 되어 있다고 해봅시다. 그걸 알고 들어온 사람은 본인의 선택이기 때문에 이 무례함을 견뎌야 하는 것일까요? 또는 이미 명시를 했고 선택권을 줬기 때문에 이건 무례함에 속하지 않는 것일까요? 여기에 대한 가치 판단이 이루어져야 하겠죠.

이 경우엔 '명시'가 어디까지 이루어졌느냐가 중요할 것 같습니다. 단순히 '쉽고 명확하게 말합니다.' 라는 수준이었다면 이는 문제가 될 수 있어요. 상식적으로 '쉽고 명확하다' 라는 것은 이해하기에 힘이 들지 않는단 뜻이지 거기에 감정적 상처와 인격모독 등이 포함되어 있단 뜻은 아니거든요.

애당초 명시할 때 '우리의 말은 꽤나 날카로우며 정제되지 않은 언어와 직설적인 표현들이 많습니다. 욕설은 하지 않습니다. 다만 평범한 단어들이 상황이나 말투에 따라 공격, 압박, 비난으로 느껴질 수도 있습니다.' 라고 했다면 '선택의 문제였다' 라고 말할 수도 있겠네요.

물론 이는 어려운 질문입니다. 이러한 것도 조직문화의 특수성으로 볼 것이냐, 또는 그냥 경우없는 무례함을 업무라는 핑계로 포장하고 있는 것이냐를 선택해야 하죠. 저는 후자쪽입니다.

적어도 위처럼 명확히 명시되어 있지 않았고, 구성원들을 내쫓을 생각이 아니었다면 이 방법이 과연 대표님이 생각하는 목표를 달성하는 데에도 도움이 되는 걸까? 의구심이 들기도 합니다.

솔직? 효율?
아니잖아요.
그냥 서로에게 무례한
문화인 거잖아요.

#작은용기 #빠른사과

친해지려다 그만
선을 넘었네

얼마 전 회식이 있었습니다. 다들 조용하신 분들이라 평소 업무 할 땐 말할 기회가 거의 없었어요. 순도 100%의 외향형인 저는 그동안 꽤나 답답했던 것이 사실입니다. 그래서 오랜만에 하는 회식이 더욱 반가웠죠. 고깃집에서 1차로 식사하고 2차로 넘어갈 무렵, 분위기는 꽤나 말랑해져 있었습니다. 저도 맞은편에 앉은 분과 얘기를 하던 도중 우리에게서 어떤 공통점을 발견할 수 있었죠. 저는 굉장한 애니메이션 덕후입니다. 맞은편에 앉아 계신 멤버도 제가 봤던 몇 편의 애니메이션을 정주행하셨더라고요. 이것 참 반가운 일이 아닐 수 없었습니다.

"와, 리지님! 액션물 좋아하시는구나! 이번 시즌 마지막화 보셨어요? 와… 전 진짜 극장판 보는 줄 알았거든요. 진짜 작화 미치지 않았어요? 사실 거기가 유포터블이라고 사람 갈아 넣는 걸로도 유명한데 진짜 퀄리티가 미치게 나와서 원작가들이 유포터블쪽으로 막 절한다는, 그런 얘기가 있었어요. 아 맞다! <도쿄 리벤져스>는 보셨어요? 와… 그것도 진짜 명작인데."

술이 적당히 올라왔고 저는 최근 제가 사랑하는 애니메이션의 마지막화를 보고 눈물을 흘린 상태였습니다. 이런 얘기를 함께할 수 있다는 건 굉장한 감동이었죠. 리지님이 입을 열었습니다.

"아… 네, 하하… 아직 그건 못 봤어요."
"그거 보셔야지! 그거 꼭 봐야 해요! 이번에 3기도 나온다고 하는데 진짜 너무 기대돼요. 리지님도 기대 중이죠?"
"아… 네…."

신나게 얘기하고 있는데 옆자리의 기획자님이 저를 말리더군요.

"케빈, 너무 취했다. 이리 와서 저랑 놀아요. 그리고 아무리 친해도 그렇게 막 터치하는 거, 그거 위험해요."
"조쉬 너무해! 아니 솔직히 너무 반갑잖아요. 평소에는 이런 얘기도 못한다고! 오래간만에 맘 통하는 분을 만났으니 얼마나 반가워! 반가움의 동맹 표시지! (리지의 손을 번쩍 잡으며)"
"케빈 그만해요, 그만. 이리 와요. 그리고 여기서 너무 막 크게 소리 지르면 안 돼요."

조쉬와 몇 번의 실랑이를 한 뒤 저는 화장실에 다녀왔습니다. 화장실을 다녀오면서 보니 아직도 마스크를 쓰고 대화하고 있는 테이블이 보이더라고요. 저는 후다닥 테이블로 돌아왔습니다.

"여러분 그거 아세요? 사람들 아직 다 마스크 쓰고 있잖아요? 근데 사실 저거 별 효과 없어요. 코로나가 원래 어떻게 시작된 줄 아세요? 생체실험 때문이야, 생체실험. 유튜버 A 보셨어요? 거기서 제대로 나오는데, 이미 생체실험 증거까지 다 나왔거든요."

"케빈 그런 거 좋아하는구나…? 하하… 우리 이제 다른 얘기 하자, 다른 얘기! 아까 무슨 얘기 하고 있었지? 맥이 끊겼네!"

"아냐아냐 들어봐요. 잠깐만. 이런 게 더 중요한 거야 지금! 내가 취한 게 아니야 지금. 우린 이 진실에 대해서 명확하게 알아야 해요. 슈퍼 바이러스를 만들어 내려고 했던 건데 그게 사고로 터진 거거든요. 이쯤에서 터졌으니 망정이지, 진짜 완성체였으면 진짜 영화 같은 일이 벌어졌을 거예요."

"네네 케빈, 근데 우리 이제 다른 얘기 해요."

"아니 리지, 말해 봐요. 어떻게 생각해요. 리지는 내 편이죠? 우리 아까 되게 잘 맞았잖아. 리지는 이해할걸? 진짜 지금 링크 보낼 테니까 한 번 영상 봐보세요."

저는 리지에게 다가가 유튜브 영상을 들이밀었습니다. 그러다 울렁거림을 느꼈고, 무언가 우당탕거리는 느낌이 들더니 저의 기억은 그 이후로 끊기고 말았습니다.

술 마시고 벌어진 일에 대해서는 선처를 하는 고구마같은 뉴스들을 종종 접합니다. 형법은 책임주의 원칙을 따르기 때문이죠. 사건이 일어났을 때 만취 등의 이유로 자신이 저지른 일에 책임을 질 수 없는 상태였다면 처벌할 수 없다는 원칙입니다. 그런데 이러한 원칙이 일상이나 동료 사이에서도 선처 받을 수 있을까요? 케빈이 리지의 손을 허락도 없이 잡고, 과격한 분위기를 만들어 많은 사람들을 불편하게 한 행동이 '친해지기 위한 서툰 노력'이었다고 인정받을 수 있을까요? 물론 이 모든 것은 케빈의 의도와는 무관하게 받아들이는 사람의 감정에 의해 결정됩니다. 그 상황에서 리지나 다른 사람들이 그저 웃기고 황당한 정도로 끝났다면 좋은 의도로 인정받을 수 있겠지만, 수치심 내지는 심한 불편감을 느꼈다면 그건 명백한 '선을 넘은 무례함'이겠죠. 무례함을 얘기하면서 형법 같은 무서운 단어까지 꺼낸 건 이번에 얘기할 주제는 그리 가볍게 넘길만한 얘기가 아니기 때문입니다. 누군가와 관계를 맺고 싶어하고, 가까워지고 싶어하는 마음은 충분히 이해합니다. 그 과정에서 서툴 수도 있습니다. 그러나 몇 가지 원칙을 지켜야 한다고 생각합니다.

첫째, 누군가와 친해지고 싶다면 맨 정신에 대화하세요. 심지어 상대방이 술을 좋아하는 타입이라고 해도 당신과 마시고 싶을지는 또 다른 얘기입니다.

둘째, 누군가에게 뭔갈 하려거든 꼭 물어보셔야 합니다. 우유를 주고 싶어도 우유를 먹고 싶냐고 물어보고 '네'라고 대답하면 그때

주는 겁니다. 먹고 싶다고 하지도 않았고, '네'라고 대답도 안 했는데 우유를 주는 건 무례함입니다. 그런 행동이 용납되는 건 부모님과 할머니뿐입니다.

셋째, 혹시 실수를 저지른 건 같거나 실수인지 아닌지 헷갈린다면 고민하지 말고 냉큼 사과부터 하세요. 긴가민가하면 잘못한 게 맞습니다. 구구절절 변명하지 말고, 그냥 무례를 저질렀다고 깔끔하게 사과를 하고 대화를 이어나가는 것을 추천드립니다.

넷째, 술을 마시지 않았고 멀쩡한 상태에서 상대를 기만하여 친해지려는 것은 더 나쁜 행위입니다. 감정을 교묘히 이용해 상대에게 호감을 얻어내거나 그를 통해 어떤 욕망을 채우려는 모든 행위를 우린 '개수작'이라고 합니다. 개수작 부리지 말고 정직하게 다가가야 합니다.

다섯째, 친해질수록 경계가 허물어지며 가까워지는 건 자연스러운 일입니다. 하지만 이놈 저놈할 수 있는 건 꼬꼬마 시절부터 서로를 보아온 친구나 할 수 있는 일입니다. 딱 잘라 말하자면 사회에서 만난 대다수의 사람들에게는 '야'를 쓰지 않습니다. 반말도 합의하에 사용합니다. 내가 최근 1년간 센스 있단 소리를 들은 적이 없다면 가급적 농담이나 드립은 참는 걸 권합니다. 차라리 TMI를 늘어놓으세요. 이상한 농담보단 당신의 솔직한 이면이 더 재미있을 겁니다.

어깨동무와 반말로
친해지는 게 아니에요.
그건 친해지고 난 다음의 일이죠.
근데, 저와 친하세요?

#작은용기 #빠른사과

슬리퍼를 끌고
면접장에 나타난 면접관

출근을 한 지 얼마 지나지 않아 인사팀의 기연씨가 봐야 할 것이 있다면서 저에게 무언가를 전달했습니다. 다이렉트 메시지로 온 걸로 보아 소위 '긴히 할 얘기'인 것 같았지요. 기연씨가 전달해 준 이미지는 한 포털사이트에 우리 회사 이름이 실명으로 공개된 면접 후기였고, 댓글이 1,000개가 넘는 것으로 보아 분명 뭔가 일이 나긴 났구나 하는 생각이 들었습니다.

저는 온라인 직무교육 서비스를 운영하고 있는 대표입니다. 최근에 새로운 온라인 교육 커리큘럼을 기획하고 운영할 코스 매니저를 다수 채용했습니다. 최종 면접은 임원 면접이었습니다. 포털사이트에 화제가 된 글은 바로 임원 면접에 대한 후기였죠. 내용은 이러했습니다.

오늘 오후 3시 최종 3차 면접을 봤습니다. 임원 면접이라고 해서 꽤나 떨리기도 했고, 이미 실무진들에게서 좋은 평가를 얻었던 터라 크게 무리 없이 끝나지 않을까 하는 기대감도 있었습니다. 본사 사무실에 도착하여 3층으로 올라갔습니다. 여기서부터 사실 뭔가 쎄했죠. 실무진 면접 때는 그래도 이해하려고 했습니다. 일하다가 내려온 사람들인데 얼마나 경황이 없을까. 다급할 만도 하지. 사실 그때도 제가 도착하고 나서야 오늘 면접 있었냐고 횡설수설했고, 결국 다들 일하는 사무실 한가운데에서 마치 다구리 맞듯 면접을 봤었거든요.

그런데, 임원 면접 환경도 허술했습니다. 50명 정도가 앉을 수 있는 강의실에서 진행됐죠. 그리곤 그냥 강의실 아무 곳에나 턱 앉더니 옆에 있는 의자 가져와서 거기 앉아서 기다리라고 하더라고요. 넓디 넓은 강의실에 어정쩡하게 덩그러니 앉아있는 모습을 상상해보세요. 와씨… 커피나 물까진 기대도 안 했습니다. 적어도 제시간에는 와줘야 하는 거 아닌가요? 지금 뭐 갑질하는 건지 뭐 압박면접의 일종인가 싶었는데 30분이나 지나서야 공동대표라고 두 명이 들어오더라고요. 한 분은 그래도 멀쩡한 질문들을 했습니다. 사실 철학적인 질문들을 많이 해서 제대로 내 이력서를 보기는 봤나 싶긴 했지만 어쨌든 본인이 듣고 싶은 답을 하는지 보고 싶어하는 눈치였어요. 근데 나머지 공동대표 한 명은 방금 수면내시경하고 깨다 나온 사람처럼 부스스한 머리하며 목 다 늘어진 반팔 티에 삼선 슬리퍼를 직직 끌면서 오더라고요. 대표니까 뭐 자기 맘대로 할 수 있다 싶었어요. 근데 보자마자 첫 마디가 이거였어요. '어디 지원했다고 하셨죠?' 웅얼거리듯 그렇게 물어보곤 핸드폰을 꺼내 이력서를 보더니 핸드폰을 끄더라고요. 명백히 제 이력서나 자소서는 그의 책상 어디에도 없었습니다.

제가 예민한 건지 모르겠지만 이건 두 가지 시그널이었어요. 제가 누군지 궁금하지조차 않던가, 아니면 너무 천재라서 한 번 스르륵 훑어본 것으로 모두 외웠던가. 아무래도 전자였던 것 같은데, 그는 결국 면접 내내 하나의 질문 정도를 했습니다. '왜 오셨어요?' 그러니까 이게 뭐 구글이나 그런 면접이었으면 창의성을 요구하거나 당황스러운 상황 속에서 어떻게 대처하는지 보려고 하는 것일수도 있겠어. 근데 이 사람은 생각이 없어 그냥. 내가 누군지도 몰라. 내 이름도 몰라서 그쪽은 그쪽은… 이라고 부르더라고요. 그쪽?… 이거 보통 교통사고 나서 싸울 때 하는 말 아닌가요? 그러고 나서 결국 추가 질문이고 뭐고 아무것도 없이 그냥 배나 긁으며 들어가더니 불합격 주더라고요.

난 모르겠어요. 어차피 불합격이 다행이다 싶긴 한데 이거 완전 갑질 아니에요? 얼마나 직원들을 부품이나 하찮게 보면 이제 갓 새로 들어오는 신입 면접에 하품이나 하고 있고 배나 긁으며 돌아가요? 여러분들 당하지 말라고 제가 실명 깝니다. 혹시라도 지원하시려는 분, 제 부모의 원수라고 해도 한 번쯤은 말리고 싶은 회사니 손절하세요.

결국 이 콘텐츠는 취준생들 6만 명이 모여있는 카페에서 좋아요 4천 개를 받으며 화제가 되었고 급기야 기사로까지 퍼지게 되었지요. 사실 저는 슬리퍼 신고 하품하고 이름 모르는 게 그렇게까지 분노할 일인가 싶긴 했습니다. 자격지심이 있었던가 괜한 피해의식에서 비롯된 과대망상이 아닌가 하는 생각이 들었죠. 제가 첫 창업을 했던 곳은 실리콘밸리였습니다. 물론 그곳에도 기업마다의 특징이 있긴 했죠. 우리 회사는 IT 기술을 메인으로 한 개발회사였고 거기선 면접 보는 사람도 이미 3일은 밤새웠고, 면접 보러 오는 사람도 보통 대부분 꾸밀줄 모르는 개발자였단 말이죠. 사실 일만 잘 하고 되고, 서로 의견이 안 맞으면 싸우고 소리를 지르는 게 더 편했습니다.

  서로에게 격식을 차리거나 명함을 주고받는 건 적어도 커피머신 정도가 있는 회사에서나 하는 거죠. 저희 회사는 물론 커피 머신이 있지만, 아직 성장하는 단계라고 생각합니다. 우리에겐 불필요한 모든 걸 걷어내고 몰입할 수 있는 인재가 필요합니다. 그러나 한국은 좀 문화가 다른 것 같네요. 여기에선 예의범절을 지켜야 하고 면접자의 이력서를 인쇄해서 찬찬히 읽어본 후 공부해야만 면접자의 분노를 사지 않을 수 있는 곳이었어요. 잘 갖춰진 셔츠와 바지, 적어도 스니커즈를 챙겨 신고 건강한 눈빛으로 활기차게 면접을 봐야 하는 곳이죠. 저는 이미 알고 있었지만, 다시 한번 고개를 가로저었습니다.

  "쓸데없는 게 너무 많아…."

○━━ 최근 사내 문화의 다양성이 주목받으면서 기업들은 상식을 깨는 다양한 문화를 만들고 있습니다. 이를테면 모두가 반말을 쓴다거나, 투표를 통해 대표를 뽑는다거나, 능력만 있다면 신입사원도 바로 팀장을 달 수 있는 등 다채로운 방식으로 말이죠. 이번 에피소드에 나온 대표님도 그렇게 생각했을 겁니다. 보통 기업의 문화라는 건 어떤 '철학과 가설'에서 비롯되기 마련이죠. 대표는 효율을 극도로 중시하는 사람일 것입니다. 면접을 보는 데 질문이 중요하지, 슬리퍼를 신든 맨발로 나오든 뭔 상관이냐. 이런 생각이었겠죠. 한편으론 본인도 이것이 무례하단 걸 어렴풋이 알고 있었을지도 모릅니다. 그러나 그에겐 회사 고유의 스타일을 지켜내는 게 무례하다는 평을 받는 것보다 더 중요했을 것입니다. 고유성을 지켜내기 위해 많은 것들을 포기해야 하는 것은 분명 맞습니다. 어쩌면 그런 선택과 집중은 때로 조직 내에 자부심과 독보성을 부여하기도 하죠.

하지만, 사람에겐 보편적인 영역이란 것이 존재합니다. 이 대표는 두 가지를 간과했는데 그중 한 가지가 '안전함의 표현'입니다. 정말로 역지사지가 안된 거죠. 문화를 지키는 것도 좋고, 개성을 보여주는 것도 좋습니다. 다만 사람이라면 낯선 공간에서 낯선 사람을 마주할 때, 지금 당신은 안전하다는 표현을 하기 마련입니다. 웃음을 보인다던가 악수를 한다던가, 고개를 숙여 인사를 하거나, 먼저 의자를 빼주는 배려의 행동을 통해서 말이죠. 면접이었으니 의자까지 빼주는 걸 원하진 않습니다. 하지만 그 휑한 공간에서 소위 나의 상급자가 될 수도 있는 사람이 슬리퍼를 직직 끌면서 심드렁하게 나를 쳐다볼 때 그 사람이 느낄 감정은 무례를 넘어 다소 두렵기까지 했을 것입니다. 만나자마자 갑자기 개성을 보여주는 건 아무리 이해하려 해도 조금 뜬금없잖아요. 심지어 여긴 익숙한 공간이 아니거든요. 이러한 무례를 통해 대표가 얻을 수 있는 건 아무것도 없습니다. 우리 문화를 보여주고자 했다고 한들, 그가 이 회사의 문화를 이해하고 끄덕였을 리 만무하고, 오히려 몹쓸 경험을 심어준 채 돌아가서 회사에 대한 안 좋은 평가를 남기게 했죠.

두 번째로, 이건 그 대표가 생각한 효율적인 것도 아닙니다. 효율이란 예의를 버리고 필요한 행동만 하는 걸 의미하지 않습니다. 만약 구성원 사이에서 그런 인사치레나 형식을 버리기로 '합의된 경우'라면 가능하겠죠. 그러나, 생판 처음 보는 사람에게 효율적으로 한답시고, 합의되지 않은 아무 행동이나 하는 게 과연 효율적인 것일까요? 오히려 브랜드 이미지에 타격을 입고 지원자가 줄어들고, 채용에 애를 먹는 결과를 낳게 될 수도 있습니다. 신발을 갖춰 신고, 인사를 나누고, 미소를 보이는 건 그가 생각하는 효율에 어긋날 정도로 어려운 일이 아닙니다. 그건 나태에 대한 핑계일 뿐이죠.

두 번째 챕터에서 하고 싶은 말은 이것입니다. 이 대표를 비롯해 이번 장의 많은 사람들이, 사실은 당신을 공격하려는 것이 아니었다는 점입니다. 그들은 대처가 느렸고 때론 극단적이었고, 상황의 문제에 묶였고, 너무 하나에만 집착하기도 했습니다. 그러나 모두 시선이 자신에게 머물러있었을 뿐, 여러분이 모자라거나 잘못해서 해코지를 한 것이 아니라는 점이죠. 물론 그들의 사정을 이해하고 당했던 무례함을 정당화하자는 것이 아닙니다. 수많은 에피소드에서 말하고자 했던 건 한 가지입니다. 우린 그들에게 사과를 요구할 수 있고, 다시 회복할 수 있다는 점입니다. 그들이 던진 무례는 아무렇게나 던진 바늘과도 같습니다. 굳이 그 바늘을 집어 내 심장에 꽂아 넣지 않았으면 좋겠습니다. 여러분은 잘못하지 않았습니다.

덧. 물론 진짜 여러분을 공격하려는 무례함도 있습니다. 이럴 땐 회복이고 사과고 뭐고, 강하고 포악하게 이기시길 바랍니다.

당신이 아무렇게나 던진 바늘을
굳이 내 가슴에 찌르진
않겠습니다.
그렇다고 당신이
괜찮은 사람인 것은 아닙니다.

#작은용기 #빠른사과

ID 3장
'예의'도 능력이다

무례가 있다면, 예의의 기억도 있겠죠. 예상치 못한 지점에서 또는 기대했던 것을 센스있게 보여준 사소하지만 배려가 넘쳤던 기억들도 있습니다. 흥미로운 사실은 무례와 배려의 기억이 한 사람에게 공존할 때도 있단 것입니다. 예의와 배려에 감사했던 순간은 언제였나요?

21
그렇게까지 또
사과하실 일은 아니었는데

 지인과 함께 일한다는 건 흥미진진한 일입니다. 편하기도 하고, 한편으론 부담되기도 하죠. 사람 관계라는 게 그 거리에 따라 말투와 태도가 어느 정도 고착되잖아요. 친한 사이에 고착된 언어로는 딱딱한 업무 얘기를 풀어가기가 쉽지 않습니다. 이번에 우리 회사 브랜딩 프로젝트를 진행해 주실 분으로 평소에 잘 알던 대표님을 사내에 추천했습니다. 사적인 자리에선 종종 반말을 할 정도로 친한 사이였습니다. 하지만 정작 일을 같이 해본 경험은 없어서 이런 자리에선 말을 어떻게 해야 하나 고민되기도 했습니다. 미팅 시간이 가까워졌고, 대표님은 10분 일찍 도착하셨습니다. 서로 소근소근거리며 어떻게 지냈냐는 등의 가벼운 얘기를 나누며 미팅실로 향했죠. 저 뿐만 아니라 저희 본부장님과 실장님, 담당 매니저님도 함께 모인 자리였습니다. 실장님이 반갑게 웃으며 대표님을 맞이

해주셨습니다.

"안녕하세요 대표님, 샌디에게 얘기 많이 들었습니다! 샌디가 대표님을 오래 보아왔는데 정말 '찐'이라고 그렇게 추천을 하더라고요. 만나 뵙게 돼서 영광입니다!"
"감사합니다! 안 그래도 이쪽으로 이직했단 얘기 듣고 몹시 반가웠어요. 제가 애정하는 브랜드여서 더 흥분됐달까요. 이번에도 브랜딩 프로젝트 얘기가 나와서 꼭 제가 하고 싶다고 얘기하기도 했었거든요."
"오 정말요?! 저희가 너무 감사드리죠!"

그렇게 프로젝트에 대한 이야기가 화기애애하게 이어졌고, 결국 대표님과 함께 진행하기로 결정이 났습니다. 담당자는 대표님과 친한 제가 직접 맡기로 했죠. 그리고 견적서를 받아 보고를 올렸는데 문제는 비용이 예상보다 조금 높았다는 것이었습니다. 본부장님은 200만 원 정도 조금 더 낮춰서 제안 드려보라고 하셨죠.

> 대표님 죄송한데, 저희 본부장님이 혹시 500만 원 정도로 네고해 주실 순 없냐고 하시는데... 괜찮으세요?

> 에이 어떻게 그 정도나 낮추나. 그건 못하지!

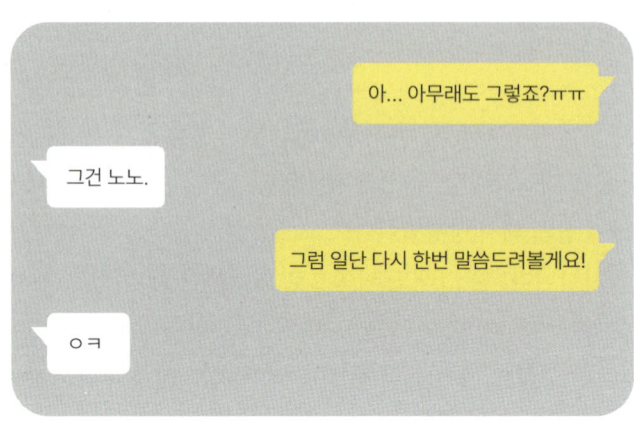

중간에 낀 사람이 난감할 따름이죠. 역사적으로 보면 황제의 말을 전할 뿐인 사신도 그 내용이 별로면 목이 달아나곤 했잖아요. 결국 입을 뗀 사람이 피 보는 게 중간자의 숙명이었습니다. 결국 이런저런 실랑이 끝에 네고 없이 일단 원래 견적대로 프로젝트를 진행해 보기로 했습니다.

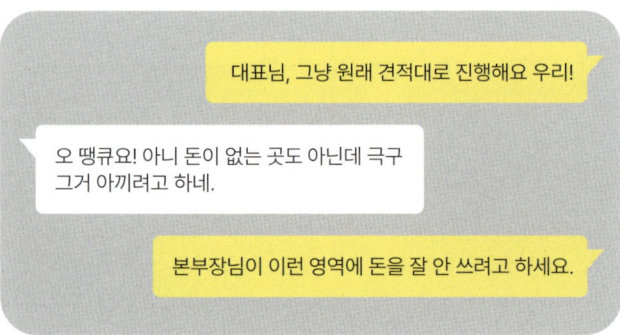

> 여하튼 잘됐어요. 자료는 언제 줘요?

> 어, 일단 정리되는 대로 드려야 하는데 뭐뭐 필요하세요?

일을 진행하면서 느끼는 이 묘한 부담감이 뭘까 생각해 봤습니다. 사실 갑을 관계라는 걸 생각해 보진 않았지만, 외부업체와 일하면서 담당자인 제가 이렇게 일이 많아지는 경우는 거의 없었거든요. 오히려 친분 때문에 요청해야 할 사항들을 잘 요청하지 못하게 되었습니다. 그냥 제가 하는 게 편하단 생각을 하게 됐죠.

그날 저녁이었습니다. 퇴근 시간이 가까워졌는데 메일이 한 통 왔습니다. 대표님이었죠. 그런데 이게 웬일입니까. 제가 정리해서 드리려고 했던 내용들을 먼저 다 챙겨서 깔끔하게 전달 주셨더라고요. 파일을 하나하나 열어보니 보통 꼼꼼하게 정리하신 게 아니었습니다. 그리곤 전화가 왔습니다.

"샌디, 제가 사과할 게 있어요."
"네? 갑자기요? 대표님이 왜요?"
"전 샌디에게 세 가지 무례함을 저질렀고 이에 대해 사과하고 싶어요."

"푸하하하 갑자기 무슨 사과예요~."

"일단 들어봐요. 우선 미팅할 때 본부장님과 실장님 앞에서 샌디에게 프로젝트 론칭 소식을 들었다고 얘기했었는데, 이게 말실수였던 것 같아요. 물론 그분들은 그렇게 생각하지 않으셨겠지만, 혹시라도 샌디가 내부의 이야기를 외부에 하고 있다고 오해할 수도 있는 부분이거든요. 이 부분은 제가 본부장님께 직접 말씀드려 혹시라도 있을 오해를 풀도록 할게요. 두 번째는 가격을 협상하는 과정에서 제가 좀 더 배려하지 못했던 것 같아요. 오히려 금액 얘기는 제가 전체 메일로 직접 회신하는 것이 맞지 않았나 싶기도 하고, 또 좀 더 친절하고 조심스럽게 말을 전해야 한다고 생각해요. 마지막으론 업무 관련해 제가 오히려 시키듯이 말을 한 것 같아 이를 사과하고 싶어요. 엄연히 지금 돈을 받고 의뢰받아 일하는 건데 제가 다른 클라이언트였으면 이렇게 편하게 얘기할 수 있었을까 싶더라고요. 좀 늦긴 했지만, 제 깨달음이 늦은 탓이니 너른 마음으로 양해해 주시면 감사하겠습니다. 물론 사과했다고 해서 이걸로 퉁치겠다는 건 아니고, 제가 좀 더 꼼꼼히 챙길 테니 잘 부탁드려요."

"네네, 일단 사과는 잘 알겠습니다. 저도 잘 부탁드려요. 아니 근데 뭐 이렇게 공식적으로 해요, 기분 이상하게."

"가까운 사이일수록 이런 부분에서 더 맘 상할 수 있잖아요. 이게 편하니까 편하게 하다가 갑자기 아차 싶더라고."

"하여간 특이해…. 파일은 뭐예요. 완전 퀄리티 미쳤네."

"음 그건 고생을 좀 했어요. 크게 가공할 필요 없이 바로 보고할 수 있게 양식 맞춰놨으니까 편히 퇴근하셔요."

"감사합니다!"

○━┳ 친한 사이일수록 예의를 지키라는 말은 단둘이 있을 때 상감마마 모시듯 극진히 받들라는 얘기가 아닙니다. 남들 앞에서 상대를 높여주고, 그가 난처하지 않게 배려하고 아껴주라는 얘기죠. 특히 지인 사이에서 일해야 할 일이 생겼을 땐 이런 자세가 매우 중요합니다.

그는 자신의 신용과 체면을 걸고 나를 추천한 것이거든요. 그만큼 신뢰를 받았다면 그에 부응하고 기대를 충분히 충족시켜야 건강한 관계가 될 수 있습니다. 도덕 교과서에나 나오는 당연한 얘기 같지만 지인과 일할 때는 나도 모르는 무례함과 무신경함으로 상대에게 상처 주는 경우가 굉장히 많답니다. 그렇게 함께 한 두 번 일해보고 의가 상해 갈라서는 경우도 너무 많이 보았죠. 어지간한 막역지우가 아닌 이상 사회에서 친해진 사이라면 상대에게 묘한 불편함이 생겨도 그냥 내가 감당하고 마는 식으로 덮어버리거든요. 하지만 종이에 베인 듯한 이런 상처가 누적될수록 애매함은 거리감으로 변해가고, 상처는 원망이 됩니다. 일이 끝난 후 서서히 연락이 뜸해지다가 결국 사라지는 결말을 맺기도 하죠.

이런 상황일수록 극진함이 오히려 좋다고 생각합니다. 내가 혹시라도 실수할 수 있는 상황이라면 평소 이상으로 긴장하고 더 어려운 사람 대하듯 극진히 대하는 거죠. 하나 할 걸 두 개 하고, 감사합니다로 끝날 인사도 여러 칭찬을 덧붙여 함께 하는 것이죠. 내가 좀 고생해서 만든 자료도 그의 상사에겐 그를 높여서 말해줍니다.

그래서 사실 지인과 함께 일하는 건 그리 즐거운 일은 아닙니다. 할 일은 두 배가 되고, 감정적인 긴장감도 꽤나 높아지거든요.(물론 이건 제 성향에 기인합니다. 저의 배우자님은 지인과 일하는 것에 거리낌이 없긴 합니다.)

이번 에피소드에서 대표님과 샌디는 서로를 꽤나 배려하고 있는 것으로 보입니다. 샌디는 알게 모르게 상처받고 있었고, 대표님은 타이밍 좋게 그 불편함을 눈치채고 풀어주었죠. 어쩌면 샌디가 그런 불편함을 아예 느끼지 못했다면 대표님의 사과가 생뚱맞게 느껴졌을 겁니다. 하지만 이미 약간의 서운함이 쌓여갈 무렵이었던 터라 그 사과가 더 감동적으로 다가왔던 것이죠. 대표님의 사과는 매우 직선적이고 진솔했습니다. 샌디가 눈치채지 못한 부분까지도 생각하고 있었던 것 보면 눈치가 꽤나 빠른 사람인 것 같습니다. 친한 사이에서의 사과는 이처럼 더욱 정중해야 합니다. 불과 5분 전까지도 등짝을 때리며 반말하던 사이라고 해도 사과할 때만큼은 예를 갖춰서 해야죠. 어설픈 사과는 또 하나의 무례가 되기도 하거든요.

'친하다'라는 말에는 '극진히 정성을 다하다', '가까이 다가가 보다'라는 의미가 내포되어 있습니다. 치킨 먹을 때 다리를 건네주진 않아도 됩니다. 대신 그가 나를 필요로 할 때 지극히 대하는 것이 진짜 친한 사이라고 할 수 있겠죠.

서로를 알아간다는 건,
서로의 불편함도
이해한다는 것.

#고마워요 #보이는걸넘어선예의

22
원래 디카페인 좋아하셨잖아요

1년 전 클라이언트였던 회사가 크게 투자를 받아 사무실을 옮기셨단 얘길 들었습니다. 부대표님과 이런저런 얘기를 하다 사옥에 초청받아 사무실 구경을 하러 갔지요. 겸사겸사 다른 프로젝트 얘기도 하기로 했습니다. 저는 디자인 회사를 운영하는 대표입니다. 클라이언트와의 관계를 중요하게 여기지만, 프로젝트가 끝난 이후 지속해서 연락을 주고받는 일은 사실 쉽지 않은 일이죠. 오전 미팅을 끝내고 부대표님을 만나러 갔습니다. 초창기 작은 사무실에서 소수정예 인원으로 시작했던 모습을 봤던 터라 새 사무실에 딱 도착했을 때 감회가 남달랐죠.

간접조명으로 은은하게 퍼지는 멋진 간판과 넓고 깔끔한 공간 무엇보다 허먼 밀러 의자로 쫘악 통일된 사무실을 보니 감탄사가

절로 나왔습니다. 휴게 공간도 아기자기하게 예쁘게 꾸며져 있더라고요. 또 카페테리아 구경을 빼놓을 수 없는데 멤버들에게 조식과 중식을 제공할 수 있을 정도로 크고 웅장한 카페테리아에 제가 다 뿌듯했습니다.

"와… 진짜 사무실 엄청 예쁘게 꾸며놓으셨네요! 올해 방문한 사무실 중 진짜 탑이에요."
"에이 이게 뭐 다 투자 받아서 만든 거지, 어디 저희 건가요."

부대표님과 주거니 받거니 덕담을 하며 미팅룸으로 향했습니다. 부대표님 방이 따로 생겼더라고요.

"우와 이제 부대표님만의 공간도 따로 생겼네요?"
"네, 그런데 뭐 얘기할 땐 제가 나가서 얘기해야 해요. 여기 아무도 안 들어와요, 하하하."

부대표님은 껄껄 웃으면서 서랍을 꺼내 주섬주섬 뭔가를 준비하기 시작했습니다. 원두를 꺼내고 그라인더도 꺼내고 필터도 꺼내셨습니다.

"박 대표님 예전에 저희 옛날 사무실 앞에 있는 카페 좋아하셨잖아요? 거기 원두 그대로 다시 가져온 거예요. 제가 연습을 좀 많이 해봤는데 그 맛은 아니라도 비슷한 맛은 날 거예요."

"거기 원두를 가져오셨다고요?"

"네, 이번에 오신다고 해서 퀵으로 받았어요."

"아니 뭐 그렇게까지 그냥 물만 주셔도 되는데…"

"기다려 보세요. 이게 꽤나 집중해야 하더라고요. 가만 보자… 타이머가…. 아 그건 그렇고 이번에 직원 또 뽑으셔서 회사가 점점 커지고 있으시더라고요. 최근 쓰신 책도 엄청 재미있게 읽었어요. 그거 3권 사서 저희 팀장들 다 나눠줬습니다."

"아이고, 뭐 멤버들이 다같이 고생해 줘서 만든 거죠. 책도 제가 직접 가져다드렸어야 했는데 사버리셨어요?"

"책은 사서 봐야죠. 최근에 커머스 쪽으로 슬슬 준비하고 계신다는 소식을 들었는데, 어떻게 돼가고 계세요?"

"그건 또 어디서 들으셨어요? 하하하 아직 내부적으로만 준비하고 있긴 한데… 이게 또 그냥 의뢰받아서 진행하는 것과 우리 상품 파는 건 완전히 다른 얘기더라고요. 지금 고민이 많습니다."

"작년에 펀딩 하셨을 때도 스마트스토어 만들어서 직접 팔아보셨잖아요. 그때 막 몇 시간 만에 완판되고 그러던데, 몸풀기 치고는 너무 잘하시던데요?"

"아닙니다, 제가 오히려 부대표님께 여쭤볼 것이 많죠."

그렇게 대화를 주고받던 무렵 향긋한 커피 내음이 방을 가득 채웠고 똑똑 떨어지는 커피 방울이 모여 영롱한 드립커피가 만들어졌습니다. 이전 사무실이 좁아 근처 카페에서 자주 미팅하곤 했었는데 그 카페의 커피가 상당히 맛있어서 제가 놀랐던 기억이 있었거든요. 기억은 바래졌지만 혀는 기억하고 있었나 봅니다. 혀끝에 커피가 감도는 순간 그때 그 맛이라는 생각이 들었습니다.

"우와. 진짜 딱 그 커피 맛이에요!"
"맛있죠? 저도 혼자 있을 때 종종 내려마셔요. 이 근처엔 프렌차이즈 커피점만 가득해서 그런 커피 맛보기가 쉽지 않더라고요."

저희 둘은 2시간이 넘게 이런저런 얘기를 나누었고 이제 자리에서 일어날 때가 되었습니다. 부대표님은 무언가를 주섬주섬 꺼내시더니 저에게 건네주셨습니다.

"이거 선물입니다!"
"아니 이게 무엇입니까!?"
"직원도 늘어나셨고, 사무실도 더 커지셨고. 저희도 사무실 옮기고 보니 필요한 게 엄청나게 많더라고요. 그중 이게 아주 꿀아이템입니다."
"세상에 커피 얻어 마신 것도 감사한데, 선물까지…"
"저희가 1년 전에 진짜 고군분투하고 있을 때 많이 도와주셨잖아요. 이 정도는 당연히 해야죠."

그렇게 원두와 선물, 각종 굿즈까지 한아름 들고 나오게 되었습니다. 거의 백화점 쇼핑을 다녀온 기분으로 두 손 무겁게 지하철로 향하는데 문득 그런 생각이 들었습니다. 나도 잊고 있었던 나의 기억들을 누군가가 기억해 준다는 게 얼마나 감사한 일인지 말이죠. 그리고 반대로 생각해 봤습니다. 그때 부대표님은 무슨 음료수를 시키셨더라⋯ 저는 잘 기억이 나질 않더라고요. 무거워진 두 손만큼이나 여러 생각이 머리를 가득 채운 퇴근길이었습니다.

🗝 예의란 기본입니다. 상대와 상황에 따라 알맞은 말과 행동을 갖추는 것이죠. 하지만 그걸 넘어선 무언가를 받을 때 우린 감사라는 단어를 씁니다.

이번 에피소드에서 부대표님은 '기억을 채워주는 것'으로 마음을 전달하셨네요. 우리는 타인에게 나의 일부를 공유하고 있습니다. 내가 알고 있는 것을 그도 알고 있는 상태이죠. 하지만 종종 우리가 망각한 것을 상대가 기억하고 있을 때도 있습니다. 그럴 때는 잃어버린 줄 알았던 추억의 조각을 돌려받는 기분입니다. 그것은 대부분 사소하지만 의미가 있습니다. 우린 대부분 침식된 누군가의 흔적이 퇴적되어 쌓인 존재와 같습니다. 온전하고 독립된 '나 자신'이 존재한다고 생각하지만 실질적으로 '자신'이란 일종의 그릇과도 같죠. 그곳에 채워지는 건 타인의 삶과 교차한 흔적들입니다. 누군가의 생각, 행동, 가치관, 기억들의 집합이 곧 우리 자신을 규정합니다.

상대방에게 관심이 없다는 건 그만큼 나의 풍부함이 사라진다는 얘기이기도 하죠. SNS에서 쉽게 타인의 일상을 관찰할 수 있는 만큼 관심이란 단어가 단순히 팔로우나 좋아요를 누르는 것으로 해석될 수도 있겠습니다. 하지만 여기서의 관심이란 누군가와 감정적인 연대를 맺고, 그것을 이어나가기 위해 꾸준하고 애정 어린 시선을 보이는 것을 의미하죠. 좀 더 적극적이고 깊은 수준의 연결고리입니다. 우리 에너지는 한정적이므로 카톡 친구에 떠있는 모든 사람들에게 그런 연결고리를 만들 순 없습니다. 그래서 적당한 지인과의 관계에서 관심을 보이고 기억해 준다는 건 '감사한 일'에 속하죠. 누군가가 나를 기억해 준다면 충분한 감사의 표시를 전해 보세요. 당신도 그를 반드시 기억해야 한다는 의무는 없지만 받은 애정에 예를 표하는 것이 또 사람 사는 도리 아니겠습니까.

나는 당신의,
당신은 나의 조각을
안고 살아갑니다.
우리는 만나 서로의 조각을
교환하죠. 그렇게 서로를
채워갑니다.

#고마워요 #보이는걸넘어선예의

23
정말 일을 깔끔하게 한다는 것

저희 회사는 앱 서비스를 운영하는 IT 회사입니다. 두 해 연속 투자를 유치하면서 폭발적으로 성장하고 있죠. 주변에선 어떻게 그렇게 잘할 수 있냐고 부러워하기도 합니다. 안타깝게도 회사가 잘하는 거지 제가 잘하는 건 아닙니다. 폭발적인 속도로 나아가고 있는 만큼 내부에선 아찔한 풍경이 펼쳐집니다. 하루가 다르게 터지는 일들과 매일 경신되는 업무량, 늘 새롭고 짜릿한 난이도에 지루할 틈이 없죠. 다행인 것은 이렇게 쏟아지는 업무를 감당해낼 만큼 다들 업무 능력에 있어서는 내놓으라 하는 능력자들이란 점입니다. 이들은 단순히 빠르고 꼼꼼하게 일을 처리하는 '숙달'과는 다른 차원의 능력을 지니고 있습니다. 그걸 깨달은 건 지난 5월이었죠.

2.0버전 앱으로 업데이트하면서 다들 한 달이 넘도록 매일 새벽 이슬을 맞으며 퇴근했습니다. 개발팀, 디자인팀은 말할 것도 없고, 론칭과 동시에 바로 진행될 마케팅 콘텐츠도 가득가득 만들어 놔야 했거든요. 그 와중에 기획팀에서는 조심스럽게 무언가를 만들고 있었는데 다들 그것이 무엇인지 궁금해 했었죠.

"그래서 오늘 그걸 공개하려고 해요."
"설마 일인가요?"
"네 맞아요. 이번 업데이트를 하기 전에 CBT$^{\text{Close Beta Test}}$를 진행해 주실 분들과 함께 라이브 행사를 열어보려고 해요. 저희는 팬덤 기반 서비스이기 때문에, 기존 1.0 사용자분들 중 저희 서비스를 많이 사용하시는 100분을 CBT 멤버로 초청하려고 합니다."
"그럼 줌이나 개더타운으로 진행되는 건가요?"
"음, 그게 좀 색다른데 이번엔 청중 없는 무대에서 연출된 프레젠테이션을 진행하는 것으로 기획했어요. CG팀이 동원되어 오프라인 행사장처럼 연출하고요, 참여하신 CBT 멤버들에게 수령지를 받아 점심 식사도 배송해요. 실제로 행사장에 온 것처럼 느껴지게 상호소통을 할 수 있는 요소를 많이 넣으려고 해요."

일단 말만 들어도 죽었다는 생각이 들어 천천히 눈을 감고 뒤로 쓰려지려고 하는 순간 팀장님이 입을 열었습니다.

"그걸 원활하게 진행하려면 최소 어느 정도의 리소스가 필요하죠?"

"다섯 명 정도의 인원이 함께해 주셨으면 좋겠습니다. 필요한 비용은 오전에 팀장님께 메일로 견적서를 드렸습니다. 총 소요 기간은 3주고, 업데이트 버전 공개 1주일 전인 5월 18일에 하는 것으로 계획하고 있습니다."

"확실히 빠듯하긴 하네요."

그렇지. 팀장님 이건 빠듯한 것이 맞습니다. 지금 다들 코피 터지면서 일을 하고 있는데 5명이나 프로젝트에 참여해야 한다니 이건 말도 안 되는 이야기죠. 암 그럼요. 팀장님은 턱을 괴고 고민을 이어갔습니다. 그래, 아무리 우리가 일을 잘하고 좋아한다고 해도 이건 말이 안 되지. 지금 다들 상태를 보라고.

"재밌기도 하겠고."

오 맙소사. 미치지 않고서야 드디어 제가 환청을 듣는 건가 싶은 순간 옆에 있던 업무변태 록시가 거들었습니다.

"저도 조인할게요. 뭔가 엄청 재밌을 것 같아요!"

'이 사람들은 다 미쳤어.'라는 제 생각과 다르게 모두가 방긋방긋 웃고 있는 모습이 공포스럽기까지 했습니다. 그렇게 저도 엉겁결에 프로젝트에 함께하게 되었죠. 적지 않은 규모의 행사를 운영해야 하는 만큼 챙겨야 할 것이 하나부터 열까지 엄청났습니다. 5페이지가 넘는 세부 견적서를 보고 소름이 돋기도 하고, 150페이지가 넘는 운영 기획안을 만들고 있는 옆 친구를 보며 살아있나 팔을 꼬집어 보기도 했습니다. 하지만 정말 놀라운 경험은 여기에서부터 시작됩니다.

다들 딱히 뭔가 도와주겠다 친절하게 다가와 가르쳐 주지 않았습니다. 게다가 저는 행사 운영의 경험이 없습니다. 그런데 희한하게도 모든 일이 어떻게 돌아가는지 이해가 되고 있었죠. 너무 부드럽게 흘러가는 하루하루에 오히려 불안해지던 찰나였습니다. 그러다 외부 영상팀 미팅을 앞두고 있던 날이었죠. 어떤 과업들을 요청해야 하는지 확인하기 위해 기획안을 쭈욱 훑어보고 있었습니다. 전날 미팅 어젠다를 정리한 이메일도 함께 확인하고 있었죠. 저는 문득 깨달았습니다.

파일 하나하나에 제가 이걸 어떻게 읽어 내려갈지, 이 업무에서 가장 중요한 부분이 뭔지, 순서를 어떻게 잡아야 하는지가 명쾌하게 나와 있었다는 겁니다. 그래서 기획안 하나가 마치 하나의 그림처럼 그려졌어요. 단순히 일을 잘해서 그런가 보다고 생각하기엔 대충 생각해도 공수가 많이 드는 일이었을 겁니다. 이미 완성된 기획안의 언어를 바꾸어서 메일로 전달해야 했을 것이고, 마케팅팀에서 어떻게 업무가 흘러가는지 이해하지 못하면 이렇게 깔끔한 문서가 오기 힘들었을 테니까요. 친절한 인사나 커피 한 잔 대신 저를 위해 한 번 더 문서를 다듬어 주고, 쉽게 읽힐 수 있도록 순서를 재정리해서 잡아놓은 마음이 고스란히 느껴졌습니다. 덕분에 저는 두 번 세 번 실수할 필요 없이 깔끔하게 일할 수 있었죠. 이걸 뭐라고 표현해야 할지 모르겠지만, 벅찬 감동마저 느껴지는 순간이었습니다.

🔑 이 책의 제목처럼 우린 무례하지 않고도 일을 잘할 수 있습니다. 일을 잘한다는 건 성과와 속도, 퀄리티와 꼼꼼함 이외에 다른 무언가를 더 요구합니다. 바로 함께 일하는 자세죠. 회사에서 혼자 하는 일은 거의 없습니다. 항상 내 앞사람과 뒷사람이 있기 마련이죠. 나는 누군가로부터 일을 받아 가공한 후 다른 누군가에게 그것을 전달합니다. 곰곰이 생각해 보면 일이란 끊임없는 가공과 전달의 연속이죠. 여기서 가공과 전달을 별개의 것으로 생각하면 내 맘대로 버무려서 아무렇게나 주게 됩니다. 뒷사람은 매우 혼란스럽고 엉망진창으로 뒤섞인 것을 보게 되겠죠. 쉽게 공감할 수 있는 예를 들어드리겠습니다. 아무렇게나 지정된 파일 이름, 수치 자료를 달랬더니 캡처해서 주는 경우, 텍스트를 쓰려고 자료를 요청했는데 PDF로 주는 경우, 도표 하나를 요청했을 뿐인데 40페이지짜리 IR을 통째로 던져주는 경우를 생각해 보세요. 파일을 받고도 여기에서 뭘 확인하란 거고 대체 이걸 왜 준 건지 이해가 안 되는 일들을 겪어보셨을 거예요. 이건 전달이 아니라 그냥 던지는 거죠. 좋은 가공과 전달은 3가지 요소가 충족되어야 합니다.

첫째, 언어입니다. 상대가 이해할 수 있고 그에게 익숙한 언어를 사용하는 것이죠. 다음은 동선입니다. 상대가 이 파일을 받고 어디를 먼저 봐야 하고, 어떻게 활용해야 할지 알기 쉽게 가공해 주는 것입니다. 마지막은 정돈입니다. 연관 있는 파일끼리 묶고, 파일 이름을 직관적으로 수정하고, 폴더 트리를 깔끔하게 만들어 압축하는 것이죠. PDF를 쓸지 PPT 원본을 보낼지 결정하는 포맷의 문제도 이 영역에 속합니다.

혼자만 일을 잘하는 사람은 재빠르게 만들어 아무렇게나 다음 사람에게 던집니다. 상대방의 일을 가중시키고 시간을 빼앗죠. 일을 잘하는 건 상대의 시간과 노력을 존중하고 아껴주려고 노력하는 것입니다.

복잡하게 선택항을 늘어놓지 말고 상대가 네/아니오로 대답할 수 있게 정보를 가공하는 것. 상대가 지금 당장 사용할 수 있게 필요한 페이지부터 앞에 배치해 주는 것. 어디에 쓰이는 무슨 자료인지 확인해서 그곳에 활용하기 좋게 포맷을 정돈해서 전달하는 것.

이런 모든 것들은 '센스'를 넘어선 '공감과 예의'에 속하는 행동들입니다. 상대가 이 전달물을 받고 어떻게 행동할지 생각해 보았단 얘기니까요. 내 뒤에는 항상 나만큼 고생하고 있는 누군가가 있다는 사실을 잊지 마세요. 그리고 내가 지금 무엇을 전달하고 있는지 다시 한번 생각해 보세요.

같이 일할 사람을
배려한 일센스는
초능력과 같다.

#고마워요 #보이는걸넘어선예의

24
요구할 때도 정중할 수 있다

저는 디자이너입니다. 많은 클라이언트와 소통하며 그들이 원하는 디자인물을 만들고 있죠. 보통 클라이언트의 요청은 간결하고 짧습니다. 대부분의 의뢰는 이메일로 받는데 '포스터 만들고 싶습니다' 정도의 문장이죠. 앞뒤 없는 저런 문장의 태도는 이제 익숙합니다. 하지만 업무적으로 여전히 고통이 따르죠. 도대체 무슨 회사이고, 무슨 포스터를 만들고 싶은지, 기한은 언제까지이고, 비용은 얼마로 책정되어 있고, 어떤 콘셉트로 무슨 목적의 제작물을 만들려고 하는지 다시 메일을 보내 하나하나 물어봐야 하기 때문입니다. 그러던 와중 굉장한 메일을 받게 되었습니다.

메일의 제목부터 엄청났습니다. [의뢰 문의]라는 태그를 달아놓으셨더라고요. 제목부터 범상치 않음을 느끼며 메일을 클릭했습니다. 앗… 시작부터 강력한 안부 인사와 스몰토크가 이어집니다.

> 안녕하십니까. OOO 사의 리브랜딩 프로젝트를 담당하고 있는 OOO 매니저입니다. 평소 귀사의 포트폴리오와 발행하시는 콘텐츠를 즐겁게 지켜보고 있던 와중 이렇게 기회가 닿아 연락드리게 되었습니다. 만나 뵙게 되어 반갑습니다.

멸종한 줄 알았던 안부 멘트를 보면서 어떤 새로운 희망이 벅차오르는 듯한 기분마저 느낍니다. 이어서 구체적인 자기소개가 이어집니다.

> 저희 회사는 기업의 HR 관련 서비스를 다루고 있으며 주요 비즈니스로는 OOO, △△△ 등이 있습니다. 올해 신규 투자유치 이후 인원이 대폭 증원되었고 8월 신규 서비스 출시에 대비해 전반적인 리브랜딩 작업을 진행하고 있습니다. 구체적인 프로젝트 현황은 첨부해 드린 프로젝트 개요를 참고해 주시면 감사하겠습니다. 저희가 요청드릴 사항은 크게 3가지입니다.

크게 3가지. 일단 여기서 믿고 보는 이메일이라는 생각이 들었습니다. 뭔가를 3가지로 요약한다는 건 담당자가 굉장히 깔끔하고 날카로운 성향의 세 줄 요약 성애자란 뜻이거든요. 3가지의 내용은 아주 명쾌했습니다.

1. 로고 리뉴얼 : 기존 로고 형태를 유지하며 세부적인 정밀도를 다듬는 작업 정도입니다.
2. 리뉴얼된 로고에 대한 활용 방식과 기존의 디자인 리소스를 통합할 수 있는 디자인 가이드 20p 내외
3. 브랜드 메시지 300자 내외

그리고 이어지는 깔끔한 의뢰 내용이 소름 돋게 만들었죠. 왜냐하면 저희 회사의 의뢰 양식을 그대로 사용해 주셨기 때문입니다.

01. 제작 기한 : 2024년 3월 31일(18:00까지)
02. 제작 목적 : BI/브랜드 메시지 리뉴얼 작업
03. 제작 방식 :
    ① 로고 리뉴얼 - 기존 로고를 다듬는 수준으로 최초 3개안 / 최종 1개안 도출
    ② 디자인 가이드 - 20p의 가로 좌철 중철 제본 / 표지 4p+내지 26p 구성 / A4 사이즈
    ③ 브랜드 메시지 - 300자 내외, 홈페이지에 삽입, 워드 파일
04. 자료 제공 : 디자인에 필요한 사진 자료 및 텍스트는 제공해 드립니다.
05. 제공 시점 : 견적 확인 후 구두계약상 확정이 되면 당일 중으로 전달해 드릴 예정입니다.
06. 작업 콘셉트 : 하기 첨부한 레퍼런스 양식을 확인해 주시면 되겠습니다(이미지 첨부).
07. 작업 범위 : 인쇄는 저희 측에서 진행합니다, 디자이너님께는 제작된 디자인 파일의 PDF 본과 ai 원본 파일을 요청드립니다. 원본 제공에 대한 추가 옵션도 견적에 포함해 주시면 감사하겠습니다.

08. 업체 특성 : 저희는 비즈니스 솔루션을 제공하는 IT 업체로서 B2B를 전문으로 하고 있습니다. 디자인 업무는 주로 외주 진행을 많이 하는 터라 해당 디자인 가이드는 외주업체와의 커뮤니케이션에 주로 활용될 예정입니다. 외주업체가 읽었을 때 쉽게 이해되고 디자인물을 만드는 데 도움이 될 수 있으면 좋겠습니다.
09. 계약 방식 : 견적 조율 후 계약은 서면으로 작성합니다.
10. 기정 예산 : 추후 협의 가능합니다.
11. 지불 방식 : 견적 조율 후 계약금 30%와 잔금 70%를 지불, 일정은 추후 계약서에 상세 기재하도록 하겠습니다.
12. 담당자명 : ○○○ / 연락처: 010-○○○○-○○○○

정말 깔끔한 의뢰서였습니다. 그 아래 펼쳐지는 내용들이 더욱 화려했는데, 바로 수정과 원본 요청에 대한 양해 표시였습니다.

보통 수정을 3회까지 진행하고 이후부턴 추가 비용이 붙는 것으로 이해하고 있습니다. 저희도 물론 그것이 상식이고 가급적 지키려고 하고 있으나, 내부 사정상 최대 5회 정도의 수정 내에서 시안을 마무리할 수 있도록 최선을 다하겠습니다. 수정 5회분의 비용을 포함하여 견적을 제안 주실 수 있으신지요?
또한 디자인 원본 파일을 요청드리며 추가 비용도 함께 기재해 주시면 감사하겠습니다. 전달해 주신 디자인 가이드는 발송하는 업체에 따라 다양하게 변경될 예정인데 그때마다 부탁드리면 너무 잦은 요청이 생길 것 같습니다. 프로젝트 종료 후 원본 파일을 인계받으면 추후 변경 사항은 저희가 자체적으로 수정해서 활용토록 하겠습니다. 전달해 주신 원본 파일은 내용 수정 이외 목적으로 활용되지 않으며, 2차 제작물 제작 관련 계약사항이 필요하다면 별도의 계약 항목을 포함해 전달 부탁드립니다.

이어서 연락과 미팅에 대한 내용으로 마무리됐죠. 딱히 소제목이 없었음에도 자연스럽게 그렇게 구분된 것처럼 느껴질 정도로 기승전결이 <반지의 제왕> 급이었다 생각됩니다.

> 프로젝트 일정이 다소 급한 터라, 내부에서 고민한 콘셉트 안과 리브랜딩 기획안을 함께 전달드립니다. 검토해 보신 후 진행이 가능하시다면 내일 2시까지 회신을 부탁드리고 싶습니다. 회신 주실 때 가능하신 미팅 일정을 복수로 전달해 주시면 저희 일정과 조율하여 내일 바로 연락드리도록 하겠습니다.
> 필수사항은 아니나, 견적 책정이 미리 가능하다면 예비 견적서도 함께 송부하여 주시면 감사드리겠습니다. 미팅 시 해당 예비견적을 바탕으로 비용 조율을 진행하면 더욱 효율적일 것 같습니다.

마무리 인사는 나의 건강과 사업의 번창을 기원한다는 깔끔한 건배사 느낌의 효율적인 인사 문구를 선택하셨고, 추신도 잊지 않으셨는데요. 추신은 '혹시 진행이 불가하더라도 진행 불가 회신을 꼭 부탁드린다'는 내용이었습니다.

쭈욱 읽어내려가며 그 회사가 어떻게 일하는지 머릿속에 그려지는 느낌이었습니다. 이쯤 되니 저도 허투루 메일을 보낼 수가 없었죠. 오래간만에 찾아온 귀한 메일에 귀하게 답신하기 위해 자세를 바로 고쳤습니다.

🗝️ 이번 에피소드를 읽다 보면 한 가지 궁금증이 들 수 있습니다. 메일을 깔끔하게 쓰는 게 예의가 될 수 있는가. 물론 어찌 보면 당연한 업무 중 하나일 것입니다. 예의라기보단 능력에 가깝다고 볼 수도 있겠지요. 하지만 예의와 무례는 받는 사람의 감정입니다. 아마 메일을 쓰는 사람은 꽤나 지루한 표정으로 원래 쓰던 메일을 써서 보냈을 수도 있지요. 업체에 대해 미리 알아보고 과업을 정확히 구분하는 것도 그 사람만의 성향일 수도 있습니다. 다만 우리가 주목해야 할 것은 상대방에게 무언갈 부탁하고 요구하는 태도입니다. 메일 내용엔 무조건적인 요청이 아닌 이유와 제안이 함께 들어가 있습니다.

상대에게 뭔가 요청하고 우리의 제한 사항을 말해야 할 때는 '떼쓰는 게' 아니라 '협상카드'를 놓고 얘기하는 것이 예의입니다. 간혹 '이번에 이걸 해주면 당신 포트폴리오에도 좋을 거고, 추후 좋은 기회가 많을 거야'라는 식으로 예언하시는 분들이 있는데 이건 협상이 아닙니다. 이게 내 포트폴리오에 좋을지 안 좋을지를 그쪽에서 판단하는 것은 맞지 않습니다. 그건 내가 판단하고 결정할 문제입니다. 추후 좋은 기회가 많을 거고, 많이 소개해 주겠다는 식의 미래적 제안은 대부분 일이 끝나면 사라질 공허한 약속들이죠. 상대가 나를 위해 불리한 조건을 감수하고 불편을 겪어야 한다는 걸 이해한다면 그에 맞는 노력과 보상에 대한 약속을 해야 합니다. 예의란 공감과 실천의 합치를 의미합니다. 내가 이런 행동을 했을 때 저 사람이 이런 마음이 들 것이라는 걸 공감했다면 그에 대한 적절한 실천 사항을 함께 덧붙이는 것이 업무적인 예의죠. 에피소드에 나온 메일이 그리 따뜻하고 부드러운 말투는 아닙니다. 굽신대는 것도 아니고요. 대신 하고 싶은 말을 분명하게 하고, 요청할 걸 정확하게 요청하고 있죠. 그러면서도 상대에게 투명하게 정보를 공개하고, 적절한 협상카드를 제시하고 있으며, 동등한 위치에서 서로 결정권을 지닌 채 메일을 마무리 짓고 있습니다.

디자이너는 이 프로젝트를 거부할 권리도 있습니다. 이 메일이 만약 내일 2시까지 미팅 일정을 회신달라는 말로 끝났다면 디자이너는 선택권을 박탈당한 기분이었을 겁니다. 미팅을 안 할 수도 있는데 마치 진행이 기정사실인 것처럼 말하는 것이니까요. 하지만 이 메일은 그걸 짤막한 문구로 풀어주고 있습니다. '진행이 가능하시다면'이라는 9음절로 말이죠. 거부해도 괜찮으니 회신을 달라고 말하고 있습니다. 선택권을 주면서도 요청도 함께 말하고 있죠.

일전에 이런 퀴즈가 유행했습니다. 케이크를 한 번만 잘라 두 사람이 가장 공정하게 나누어 먹는 방법은 무엇인가. 답은 단순했죠. A가 케이크를 자르고, B가 먼저 선택하는 것입니다. 업무에서의 예의도 비슷하죠. 하나만 정확히 기억하셔도 좋습니다. 나는 정보를 주고 상대는 선택을 하는 것입니다.

일잘러,
메일 쓸 때
한 번 더 생각하고
두 번 더 읽어보는 사람.

#고마워요 #보이는걸넘어선예의

25
진솔하면서도
상처주지 않는 대화도 있다

　업무를 하면서 감정에 관해 얘기하는 건 쉽지 않은 일입니다. 특히 저희 회사는 가뜩이나 무뚝뚝한 분들이 많으신 터라 감정은커녕 요즘 OTT에서 뭐 보는지조차도 얘기하지 않습니다. 최근 투자를 받으면서 회사에 일이 급격하게 많아졌습니다. 다들 묵묵히 일하고 있지만, 힘든 기색이 역력했죠. 인간 사회에 계급이 생기기 시작한 건 잉여생산물이 발생했을 때부터라고 배웠습니다. 회사 생활에 균열이 생기는 것은 잉여업무가 발생했을 때부터라고 생각합니다. 모두가 나름 비슷한 수준의 일을 하고 있을 땐 별문제가 없었습니다. 하지만 일이 전체 인원의 업무 역량을 벗어나기 시작하자 누군가는 나머지 업무를 떠맡아야 할 일이 생기기 시작했죠. 무뚝뚝함으로 평화를 유지했던 우리 회사에 조금씩 감정에 금이 가는 일들이 발생했습니다. 멤버들은 서운함이 쌓이기 시작하고, 합리적이지 못한 결정에 얼굴이 굳어갔습니다. 저도 마찬가지였죠. 저는 해외영업 관리를 하고 있었습니다. 가뜩이나 인원이 모자라서 허덕이는 와중에 메인 업무 이외에 다른 부서에서 할 일들을 떠맡기 시작했습니다. 내부 서류 작업에도 동원되었고, 신사업 기획안을 쓰기도 하고 갑자기 IR 작성 업무도 시작했습니다. 이게 말로만 듣던 지옥의 올라운더 (모든 일을 두루두루 하는 사람. a.k.a 잡부)인가 싶었죠. 모두가 이렇게 빡세게 일하는 와중인데 유독 팀원 중 한 명이 지난주부터 잔뜩 굳은 얼굴로 검은 아우라를 풍기며 업무하는 것이 신경 쓰이기 시작했습니다. 딱히 어떤 말은 없었지만 이미 뒷모습에서조차 '난 할 말이 있다'라고 외치는 듯했죠.

안 그래도 오늘 점심 먹고 얘기를 좀 해야겠다고 생각하던 찰나, 문득 그 팀원이 저벅저벅 걸어오더니 먼저 말을 걸더군요.

"팀장님, 드릴 말씀이 좀 있는데 혹시 점심 드시고 잠깐 커피 한 잔 가능하실까요?"
"아 네, 안 그래도 제가 먼저 미팅을 요청드리려고 했었는데 뭔가 통했네요. 점심 먹고 2시쯤 뵐까요?"
"네, 좋습니다. 그럼 2시에 뵙겠습니다."

사실 팀장이란 직책은 1년이 넘어도 그리 익숙해지지 않습니다. 담담하게 미팅을 요청했지만, 오전부터 심장은 미친 듯이 쿵쾅대기 시작했죠. 도대체 무슨 말을 하려는 걸까. 왠지 지난주의 분위기를 봐선 사직서를 오백 장은 써놨을 것 같은데 지금처럼 바쁜 때에 그만두려는 건가, 아니면 엄청 모진 소리를 쏟아내려는 건 아닐까. 머릿속이 혼란스러워 도통 일이 손에 잡히지 않았습니다. 그리고 대망의 2시가 되었죠. 우린 회사 근처 카페로 걸어갔습니다. 걸어가는 내내 별말 없었죠. 원래 무뚝뚝한 사람인지라 평소에도 말이 많지 않은데, 고작 10미터도 안 되는 카페로 향하는 그 몇 걸음이 무한히 길게 느껴졌습니다.

"어… 뭐 드실래요? 제가 살게요! 법인카드지만, 하하…."
"네, 저는 아이스 아메리카노로 하겠습니다."

농담을 좀 해보려고 했는데 농담할 분위기의 미팅 주제는 아니었나 봅니다. 이윽고 주문한 커피가 나왔고 우리 둘은 자리에 앉아 천 년 같은 침묵의 1분을 보냈습니다.

"음, 사실 제가 할 얘긴 뭐 가볍게 요즘 어떠냐는 질문이었던 터라 진희씨 말씀부터 먼저 들을게요. 어떤 얘기였을까요?"

진희씨는 커피를 한 모금 들이켠 후 입을 열었습니다.

"다름이 아니라, 요 몇 주간 회사가 매우 바쁘게 돌아가면서 팀장님께서도 매우 고생이 많으시단 걸 알고 있어요. 그 때문에 이런 말씀을 드리기가 매우 조심스러웠고, 그래서 즉각 말씀드리지 못하고 좀 정리할 시간이 필요했습니다. 신경 쓰고 계시다는 걸 알고 있었는데, 시간이 걸려 우선 죄송하단 말씀을 드리고 싶습니다."

저는 침을 꼴깍 삼켰습니다. 우려했던 퇴사의 느낌이 강하게 드는 멘트였기에 속으론 몹시도 긴장하고 있었죠.

"아녜요, 신경을 쓰고 있었던 건 사실이지만 불만이었다기보단 궁금했던 거예요. 먼저 얘기 꺼내주어서 제가 감사하죠."

"그렇게 생각해 주셔서 감사해요. 우선 지금부터 드리는 말씀은 결코 팀장님을 비난하거나 잘잘못을 따지고자 함이 아닙니다. 저의 마음이 이러했고 혹시 이런 방식이면 어떻겠냐고 저의 의견을 말씀드리는 것이니, 팀장님 입장에서 납득이 가지 않으신다면 다른 방식을 얘기해 주셔도 충분히 수용할 수 있습니다. 우선, 최근 일이 굉장히 많아지면서 우리 팀도 다양한 일을 나눠가지게 되었습니다. 평소에 하지 않던 업무도 많았던 터라 다소 어려움이 있긴 했지만, 어찌어찌 해낼 순 있었어요. 그러나 최근 일을 진행하던 도중 중간에 추가되는 식으로 업무가 계속 들어오고 있는데, 업무 시간을 한참 넘겨도 다 쳐내기 어려운 정도가 되었습니다."

"맞아요… 일이 너무 많았죠…."

"하지만 과도한 업무보다 더 중요한 건 저의 감정이었습니다. 업무에 감정을 넣으면 안 된다는 것을 알고 있지만, 사람인지라 다양한 생각이 들더라고요. 그중 저를 지배했던 건 '우리에게 관심이 없으신가'라는 생각이었습니다. 그것은 저를 좀 슬프게 만들었어요.

어떤 일을 시작하는 건 괜찮습니다. 다만, 무슨 일을 맡게 된 건지 왜 우리가 이 일을 해야 하고, 현재 다들 업무 상태가 어떤지 전체적인 맥락을 설명해 주신다면 더욱 존중받는 느낌이 들 것 같았습니다."

"아…. 제가 정말로 죄송해요. 몰린 일을 처리하는 데만 급급했지 넘치는 일을 처리할 팀원분들에게 설명해야 한다는 걸 간과해 버렸어요. 관심이 없다고 생각하실 수 있겠지만, 그건 오해입니다. 마음은 그렇지 않아요. 제 업무 방식과 역량이 아직 부족해서 그런 것이니 너른 마음으로 용서해 주시면 감사하겠습니다."

"아닙니다, 팀장님. 용서를 구하실 일은 아닙니다. 단지 지금 제 마음이 이렇고, 이런 방식이면 좋겠다고 단순하게 생각한 것일 뿐이니 들어주신 것만으로도 충분합니다."

이외에 수많은 얘기를 더 나누며 우린 두 시간이 넘게 면담을 했습니다. 카페에서 나와 회사로 돌아오는 길엔 그래도 최근 개봉한 영화는 봤냐는 정도의 스몰토크를 이어갈 수 있었습니다. 이번 미팅을 통해 하나 깨달은 게 있었습니다. 무뚝뚝한 사람도 상처받을 수 있다는 것, 그리고 이토록 섬세하게 자신의 감정을 표현할 수도 있다는 사실을 말이죠. 진솔하면서도 상처 주지 않는 대화, 좀처럼 경험하기 힘든 두 시간이었습니다.

🗝️ 감정을 표현하는 건 고도의 언어 능력을 요합니다. 감정은 댐에 갇힌 물과 같습니다. 한 번 입 밖으로 내기 시작하면 작은 입으로 감정의 수압을 감당해야 하죠. 이때 물의 흐름을 조절해 주는 건 적절한 언어들입니다. 할 말이 모두 떨어지면 댐은 폭발해 버리고 결국 화를 내고 말죠.

이번 에피소드의 진희씨는 감정을 언어로 표현하는 방법을 잘 알고 있는 것 같습니다. 복잡하고 추상적인 단어를 쓰지 않고도 솔직하고 부드럽게 감정을 드러내고 있죠. 감정을 드러낼 땐 그 맥락을 먼저 설명하는 게 좋습니다. 진희씨가 현재 회사 상황을 먼저 꺼낸 것처럼 말입니다. 상황에 대한 상호 합의가 이루어 져야 더 나아갈 수 있어요. 서로가 그리는 상황이 일치되었다면 이제 차이점을 얘기할 때입니다. 상황을 해석하는 방식이나 상황에서 느껴지는 감정이라고 볼 수 있지요. 이때 진희씨는 1인칭 화법으로 얘기하고 있습니다. 2인칭을 주어로 쓰면 당신의 잘못을 비난하는 것처럼 들릴 수 있으니까요. 자신이 느낀 감정만을 담백하게 얘기하죠. 그리고 솔직합니다. 자신이 어떤 생각을 하고 있었는지 정확히 표현하고 있죠. 아마 시간을 들여 마음 속에 피어오르는 불편과 불만을 알아차렸을 겁니다. 물론 진희씨가 이렇게 얘기했을 때 이 말을 부드럽게 받아 인정한 팀장님도 대단합니다. 결국 소통은 서로의 역량에 따라 퀄리티가 결정되거든요.

대화에서 중요한 건 배려와 부드러운 비언어적 요소들(표정이나 태도, 목소리 등)도 있겠지만 핵심은 '전제'와 '주제'입니다. 우리 대화의 대전제가 무엇인지, 그리고 내가 하고 싶은 말이 무엇인지 이 포인트를 잃지 않고 흘러가는 것이 중요하죠. 보통 설거지 문제로 시작했다가 10년 전 과거의 일까지 끄집어내는 부부 싸움의 원인은 대화의 포인트가 서로 다르기 때문이거든요.

팀장님이 진희씨의 이야기에서 포인트를 잘못 잡았다면 '일이 많으니 줄여달라'로 이해했을 수도 있습니다. 진희씨의 니즈는 그런 게 아니었죠. 물론 일이 줄어들면 더욱 좋겠지만, 그게 현실적으로 불가능하단 걸 인지하고 있습니다. 대신 일의 맥락을 설명해 줬으면 한다는 사실을 명확히 얘기하고 있죠. 팀장님도 성급히 판단하지 않고 마지막 주제까지 충분히 듣고 이해한 듯합니다. 만약 주제가 모호하다고 생각했다면 '내가 듣고 이해한 건 이러이러한 내용인데 이것이 맞느냐'라고 되물어야 하죠. 대화란 이렇게 흘러가야 합니다. 서로의 그림을 일치시키며 무엇이 다른지 찾고 그 원인을 함께 고민해 보는 것, 그리고 해결의 합의점을 향해 같이 나아가야 하죠.

어려운 속마음도
부드럽고 정확하게 전하면
예의가 된다.

#고마워요 #보이는걸넘어선예의

서로에게 몰입하는 대화는
감동이 된다

　오늘은 한 기업에 강의를 갔습니다. 다수 앞에서 제 목소리를 전달해야 하기에 확신과 분명함으로 무장해야 했죠. 강단 앞에서 그럴 수도 있고 저럴 수도 있다는 식의 명제는 그리 좋은 방법이 아닙니다. 예외를 인정하더라도 나만의 옳음을 전해야 했죠. 분위기는 유쾌했고 2시간에 달하는 강의 시간은 언제 끝났는지도 모르게 뜨겁게 마무리되었습니다. 강의는 청중이 만든다고 했나요. 이번에 강의를 간 기업은 그야말로 준비된 사람들이었습니다.

　강의가 끝나고 사장님께서 잠시 티타임이 가능하냐고 여쭤보시더군요. 어차피 지금 도로를 타면 엄청나게 막힐 것이 분명했습니다. 겸사겸사 티타임에 응하기로 하고 사장실로 향했죠.

이곳은 차세대 에너지를 다루는 중소기업이었습니다. 지열에너지를 만드는 데 필수적인 장비를 판매하는 곳이었죠. 사실 저에게도 이런 분야는 익숙하지 않았습니다. 그러나 연 매출 1,000억 원이 훌쩍 넘는 탄탄한 회사였죠. 회사의 문화 또한 굉장히 건강해 보였습니다. (실제로 어떤지는 물어보지 못했지만, 강의장 분위기로 봐선 분명 그렇다고 생각했죠. 그리고 사장님과의 대화 이후 그것은 확신으로 바뀌었습니다.) 사장실은 그리 넓진 않았습니다. 작은 회의실 느낌이었죠. 온 벽면을 가득 채운 책들 때문에 그렇게 느껴졌을 수도 있겠습니다. 사장님은 손수 찻물을 데워 녹차를 내려주셨습니다.

"허허, 요즘 마음이 심란하거나 손님이 오시면 꼭 이렇게 차를 내드립니다. 단순해 보여도 꽤나 정성과 섬세함이 필요하더라고요. 최근에 이걸 배우면서 정신 수양이 많이 되고 있습니다. 입에 좀 맞으실는지 모르겠습니다."

사장님은 50세가 훌쩍 넘으신 나이였습니다. 30대 후반인 제가 독대하기엔 어르신이었죠. 하지만 엄연히 저는 여기 강사로 왔고 사장님은 이 분야가 궁금하신 것이니 전문적으로 잘 대답해 드려야겠단 생각을 했습니다. 사실상 기가 눌리지 않기 위해서 어깨를 편 셈이죠. 명함을 건네 드리고 이런저런 가벼운 대화를 나누었습니다. 그리고 사장님께서 본격적으로 질문을 시작하셨죠.

"사실 제가 이렇게 뵙자고 한 것은 최근 경영을 하며 고민이 많기 때문입니다. 강사님께서 전문가시니 고견을 좀 여쭙고자 실례를 무릅쓰고 모셨습니다, 허허허. 이 자리가 너무 불편하지 않으셨으면 합니다."

"아닙니다. 불편이라뇨, 오히려 이렇게 해주셔서 제가 감사하죠, 하하하."

"그렇게 생각해 주시니 감사합니다. 다름이 아니라, 조직 문화를 만들다 보면 필연적으로 리더의 의견과 구성원의 의견의 충돌을 경험할 때가 많습니다. 문화란 게 또 누군가의 강제로 만들어지는 것은 아니라고 생각하는데, 회사의 문화와 사회의 문화는 분명 그 결이 다른 부분이 있을 거란 생각이 들었습니다. 어쩌면 저는 이 둘의 정의가 다르길 바라는 쪽일지도 모릅니다. 자연스럽게 놔두자니 회사의 목표와 어긋나는 행위들이 원칙처럼 오해받거나, 너무 많은 예외들이 회사에 만연하는 모습을 보게 되었어요. 제가 이것들을 인내하기엔 그릇이 좀 작은 것 같단 생각이 들었습니다. 강사님께선 많은 기업들을 경험하시고, 또 이런 고민들을 들으셨을 것 같습니다. 고견을 여쭙고 싶습니다."

사장님은 질문을 마치시고 묵직한 가죽 커버의 다이어리와 펜을 꺼내셨습니다. 질문이 쉽진 않았던 터라 저도 생각할 시간이 필요했죠. 아직 따끈한 차를 한 모금 더 마시고 얘기를 이어나갔습니다. 주로 제가 경험했던 다른 회사의 문화들을 중심으로 말씀을 드렸죠. 사장님은 정말 하나하나 꼼꼼히 적으시며 고개를 끄덕이셨습니다. 대답을 하다 보니 말이 길어지기 시작했습니다. 하지만 사장님은 말을 끊지 않았죠. 약 40분가량 미니 강의를 하듯 이야기를 풀어나갔습니다. 이야기가 끝난 후 사장님은 한동안 자신이 적은 메모들을 찬찬히 훑어보시며, 제가 지금까지 했던 말을 한 번 정리해서 되물으셨습니다. 그리곤 말을 이어나가셨죠.

"오늘 정말 큰 깨달음을 얻었습니다. 제가 경영을 오래 하면서 느낀 점은 점점 고립되어 간다는 겁니다. 이제 주변의 친구들은 거의 다 간부급이거나 사업체를 운영하는 경우가 많아서, 이런 현실적인 사례를 접할 기회가 많이 없거든요. 제가 주변에도 많이 소개하도록 하겠습니다."

사장님은 온화한 말투로 감사의 인사를 전했고 저도 이제 자리에서 일어나 집으로 돌아갈 시간이 되었습니다. 사장님은 엘리베이터까지 직접 나와 배웅을 해주셨죠. 엘리베이터 문이 닫히고 빌딩을 나서며 저는 등줄기에 흐르던 땀방울을 그제야 느낄 수 있었습니다. 사실 40분이나 길어질 이야기는 아니었습니다. 하지만 저를 지긋이 바로 보는 사장님의 눈이 마치 저를 꿰뚫어 보는 듯한 느낌이 들었습니다. 당황하고 놀린 쪽은 저였죠. 분명 미소를 지으시며 골똘히 듣고 계시지만, 왠지 이분은 모든 걸 다 알고 있을 것 같은 느낌마저 들었습니다. 그런 생각이 말꼬리를 붙잡았고, 뭔가를 더 쏟아내야만 할 것 같은 조급함이 들었습니다. 왠지 그런 모습을 들킨 것 같아 괜히 혼자 민망해졌습니다. 20년이 넘게 큰 회사를 운영해왔던 수많은 스토리와 내공을 드러내지 않고 담담히 남의 이야기에 깨달음을 얻었다고 말할 수 있는 사람이 몇이나 될까요. 땀이 식자 옷에 닿는 바람이 제법 시원했습니다. 오랜만에 멋진 사람을 만난 것 같은 기쁨에 살며시 미소가 나왔습니다.

🗝️ 미팅을 하다 보면 가끔 상대의 기운이 느껴질 때가 있습니다. 정확히 어느 지점에서 그 기운이 전달되는지는 알기 어렵지만 둘 사이를 휘감는 공기, 목소리에서 느껴지는 메시지, 행동과 말의 조화 등이 섞여 하나의 정보가 됩니다. 요소는 많지만 이 모든 걸 간파하는 데에는 그리 오랜 시간이 걸리지 않습니다. 몇 초면 충분하죠. 우린 이 정보를 대전제로 두고 상대와의 대화에 임합니다. 이런 정보들 중 가장 직관적이고 강렬한 이미지를 줄 수 있는 건 '언어' 그 자체입니다. 이번 에피소드의 주인공은 직업이 직업인 만큼 언어를 통해 대화의 분위기를 만들고 간파하는 것에 익숙할 것입니다. 그러나 이번에 겪은 무드는 굉장히 신선했죠. 희끗한 머리를 지닌 한참 인생 선배 격 나이의 사장님이 차를 직접 내려주고, 고견을 듣고 싶다며 펜과 다이어리를 꺼내 본인의 얘기를 듣고 적으며 끄덕이고 있습니다. 얼핏 들어도 낯선 풍경입니다. 이런 낯선 상황에선 '상황을 파악하고 싶은 사람' 쪽이 말이 많아집니다. 주인공이 바로 그 사람이죠. (아마 사장님은 주인공의 조급함을 눈치챘을지도 모릅니다.)

이번 에피소드의 핵심은 사장님의 겸손함과 경청의 자세가 아닙니다. 일관성이죠. 사장님은 강사에게 질문을 했습니다. 그 자세가 보고하는 직원에게 세부 내용을 묻는 사장님의 위치가 아니라 모르는 걸 교수님께 여쭤보는 학생의 위치였습니다. 펜을 꺼내 설명을 적으며, 자신의 상황과 생각을 정리해 질문합니다. 수업을 열심히 들은 학생은 마지막까지 선생님을 배웅하죠. 이 사장님의 내공은 단순한 겸손의 차원이 아닌 자신의 지위를 잊고 현재의 역할에 완전히 집중할 수 있는 유연함과 그걸 상황 내내 유지할 수 있는 일관성입니다. 보통은 아무리 배우는 처지라고 해도 중간중간 사장님 특유의 본성이 튀어나오기 마련이거든요. 그런 경우에는 주인공의 말에 사장님은 자기 경험을 꺼내며 이건 이래서 안 됐고, 저건 저래서 안 되고, 내가 해봤는데 이런 것들이 있었다는 식의 핑퐁이 있었을 것입니다. 대답해 주러 갔다가 오히려 원치 않았던 가르침(?)을 받고 오는 상황이 벌어지기도 하죠.

자신을 온전히 내려놓을 수 있다는 건 그만큼 단단한 자존감을 지니고 있기 때문이고, 그걸 일관성 있게 유지한다는 건 그게 연기가 아닌 진심이기 때문입니다. 바로 몰입이죠. 주인공이 느꼈던 식은땀은 거대한 자존감과 분위기가 주는 강렬한 몰입감 때문이었을 겁니다. 서로가 서로에게 온전히 집중하는 대화, 그게 꼭 뜨거운 토론이 아니더라도 좋습니다. 관계와 분위기를 설정했으면 그것에 몰입하세요. 갑자기 역할을 뒤바꾸며 주도권을 잡으려고 하지 마세요. 이번 대화의 콘셉트가 선생님과 학생이라면 고3 수험생이 되어 그 상황에 푹 빠져보세요. 온전히 배우고 하나하나 새겨들어 보세요. 짧은 대화지만 서로에게 큰 감동을 주는 시간이 될 수 있습니다.

상대를 높이는
가장 쉬운 방법.
입을 닫기.
귀를 열기.

#고마워요 #보이는걸넘어선예의

27
지킬 걸 지키고,
누릴 걸 누리는 유한의 자유

코로나를 겪으며 저희도 재택근무 체제로 전환되었습니다. 온라인 협업 툴을 쓰기 시작하면서 메신저에 의견을 남기는 방법, 파일을 저장하는 방법, 회의하는 방법, 출근과 퇴근을 체크하는 방법, 휴가나 연차를 사용하는 방법 등이 전면적으로 바뀌기 시작했죠. 자유로운 근무는 좋았지만 확실히 지켜야 할 것들이 많아지면서 처음엔 다들 우왕좌왕했습니다. 빠르게 적응하신 분들도 있었어요. 저의 동료이자 AI 같은 성품의 소유자인 A가 대표적이었죠. 영어 이름을 지으랬더니 A가 좋다며 A라고 불러 달라고 할 정도로 독특한 인물이었습니다. AI라고 불렸던 건 철두철미한 FM 정신 때문이었습니다. 일에 있어선 그렇게 보수적이지 않은데 유독 회사의 룰에 대해선 집요할 정도로 엄격했습니다.

예를 들어 출근 인사는 오전 9시에 메신저에서 하자는 룰이 있었어요. 정말 그는 단 한 번도 어기지 않고 정확히 오전 9시에 인사를 했습니다. 그것도 회사의 규칙을 적어 놓은 파일에 적힌 인사말 그대로 말이죠. 놀라운 건 지킬 것은 지키면서도 혜택(?)도 빠짐없이 즐긴다는 점이었습니다. 저희 회사는 일이 빨리 끝나면 협업 툴에 진행 상황을 반영한 후 자유롭게 퇴근할 수 있거든요. 대부분의 멤버들은 암묵적인 적정선을 찾은 듯 보였습니다. 5시 정도가 되면 다들 슬그머니 일을 정리하고 있었죠. 딱히 누가 시킨 것은 아니었지만, 그 정도가 서로에게 죄책감을 주거나 받지 않으면서 적당히 자신의 권리를 누리는 정도라고 생각했나 봅니다. 하지만 우리의 AI에게 그런건 없었죠. A는 2시고 3시고 일 끝나면 냅다 진행 상황을 공유하고 퇴근해 버렸어요. 알람도 꺼버리죠. 심지어 상태 아이콘을 '퇴근'으로 바꿔놓는 완벽함까지 선보였습니다. 그래서는 안 되지만 보통 이런 사람들은 '일반적이지 않은 시선'을 받게 되기 일쑤입니다. 암묵적인 룰에 편승하지 않고 혼자 일찍 끝내고 나가버리는 게 누군가에겐 불편하거나 오해를 부를 수도 있는 일이거든요. 물론 그게 좋은 문화는 아니죠.

그러나 A는 미움을 받지 않았습니다. 어지간히 특이해야 이상하다고 생각하지, 너무 일관적으로 이상하면 캐릭터가 되더라고요. 그리고 무엇보다 A가 처리한 일은 두 번 손댈 필요 없이 깔끔했거든요. 가만히 보면 일도 너무 과도하게 잘하진 않았습니다. 딱 정해진 양식대로 정해진 분량 안에서 해내는 타입이었달까요. 에너지를 과도하게 쓰지도 않았고, 괜한 열정과 불타오름도 없어 보였습니다. 어느 날 A에게 물어본 적이 있습니다.

"근데 그렇게 칼같이 다 지키는 거 피곤하지 않아요? 어떻게 실수 한 번을 안 해요?"
"실수해요. 알아채지 못하게 잘 바꾸는 거지."
"그러니까. 왜 그렇게 하냐고."
"그래야 마음 편한 자유를 누릴 수 있거든요."
"오… 자율과 책임?"
"그런 거창한 것이라기보단, 제가 불안이 좀 많아요. 그래서 정해진 룰 안에서 움직이는 게 좋아요. 너무 자유가 많으면 오히려 불안하더라고요."
"아하…"

A의 명확한 루틴은 주변 동료들로 하여금 묘한 안정감을 주었지요. A에겐 믿고 맡길 수 있다는 신뢰감과, 그가 퇴근하면 연락하면 안 된다, 그는 반드시 9시에 돌아온다, 헷갈리는 규정이 있으면 A에게 물어보면 된다는 식의 농담 반 진담 반의 이야기들이 돌았습니다. 말은 제각각이지만, 모두 '사무실의 칸트*' 정도로 생각하고 있는 듯했지요. 이런 안정감은 호감으로 이어졌고 그는 비록 AI였지만 인간의 사랑을 받는 존재가 되었습니다.

---

* 철학자인 칸트는 실제로 걸어다니는 시계라고 불릴 정도로 시간로 엄격하게 지키는 것으로 유명했다고 합니다. 칸트를 보고 마을 주민들이 시간을 추측했다는 얘기도 있을 정도였죠.

○━┅ A의 이야기를 들으며 저도 묘한 안정감을 느꼈습니다. 일말의 흐트러짐이 없을 것 같은 일관성과 어제도 오늘도 내일도 같은 퀄리티를 낼 거라는 신뢰감이 생겼거든요. 이번 에피소드는 예의보다는 매력에 가까운 이야기입니다. 사람의 매력은 의외성에서 나옵니다. 하지만 의외성은 일관성을 전제로 했을 때 빛을 발하죠. 맨날 의외면 이건 도무지 종잡을 수 없는 미친 사람처럼 보일 겁니다. 아마 A가 실수라도 한 번 한다면 회사에선 경사 나듯 박수를 칠 수도 있겠네요. 인간미를 보였다면서 말입니다.

A는 공공의 약속을 완벽하게 지킵니다. 물론 그 원천이 자신의 불안감이긴 하지만 그게 문제가 되진 않죠.(사람들은 그런 것에 크게 신경 쓰지 않습니다.) 사람들이 A씨를 보며 느꼈던 안정감은 두 가지가 있었겠죠. 하나는 무슨 일이든 좋은 퀄리티로 끝낼 거라는 업무적인 안정성. 다른 하나는 저 사람에겐 무슨 말을 걸어도 내가 예상하는 태도와 언어가 나올 것이라는 예측가능성일 것입니다. 그런데 이것 말고도 (의도하지 않았지만) 실질적으로 구성원들에게 도움을 준 영역도 있습니다.

바로 구성원들에게 '규정의 실사례'를 선사해줬단 점이죠. 일을 잘 끝내놓으면 저렇게 딱딱 쉬어도 되는구나라는 생생한 사례를 보고 있는 셈이죠. 아마 A씨를 비롯해 누구도 5시 전에 퇴근하지 않는다면 3시에 일이 끝나도 먼저 자리에서 일어나긴 쉽지 않을 겁니다. 회사 규정은 분명 그렇지 않음에도 말이죠. A의 철두철미한 원칙 준수는 역설적으로 구성원들에게 자유로움을 선사했을 겁니다. 나도 일이 끝나면 A처럼 일찍 퇴근해도 된다는 선택항을 열어준 것이죠. 일찍 퇴근을 하든 안 하든 그건 내 선택이라는 통제감과 함께 말입니다.

A가 총대를 멨다고 표현할 수도 있겠네요. 이 모든 것은 A가 의도한 것이 아닙니다. 그의 특성과 존재 자체가 사람들에게 긍정적인 효과로 해석된 것이죠. 이렇듯 예의와 매력은 종종 온전히 타인의 해석에 의해 덧씌워지기도 합니다. 어쩌면 굳이 의도하지 않아도 사람들에게 좋은 영향력을 전하는 태도를 지니고 있다고 할 수도 있겠네요. 여러분들은 어떠신가요? 여러분의 존재만으로도, 딱히 의도하지 않아도 지금 있는 모습 그대로 행동할 뿐인데도 누군가에게 영감이 되거나 예의 바른 사람이 된 경험이 있으신가요?

의외성이 인류를
발전시켜 왔다면,
일관성은 인류를 생존시켜 왔어.
그래서 너랑 있으면
내가 살 것 같아.

#고마워요 #보이는걸넘어선예의

28
침묵으로 하는 배려

 최근 큰 사고를 친 적이 있었습니다. 커뮤니케이션을 잘못하는 바람에 외부업체와 큰 오해가 생겼고, 결국 저희와 외부업체의 대표님들끼리 담판을 지어 겨우겨우 마무리가 되었죠. 중간에서 차근차근 내용을 전달했어야 했는데 급하게 일을 처리하다 보니 제가 많은 부분을 누락하고 말았거든요. 차라리 처음부터 실수를 인정하고 빨리 해결책을 찾았으면 쉽게 끝났을 수도 있었습니다. 하지만 저는 제가 뭘 잘못했는지조차 까맣게 모르고 있었지요. 지난 메일과 메신저의 내용을 다시 복기하고 나서야 이 모든 게 커뮤니케이션 실수로 벌어진 사단이었단 걸 깨달았습니다. 그땐, 돈 문제로까지 이미 일이 크게 번진 후였죠.

 외부업체 대표님과 우리 대표님, 그리고 제가 모여 이번 일의 히

스토리를 확인했고, 결국 적정한 선에서 돈을 지불하고 마무리하는 것으로 정리가 되었습니다. 미팅이 끝나고 대표님과 어색한 침묵이 잠시 흘렀습니다. 그도 그럴 것이 그냥 괜찮다고 끝내기엔 금액이 꽤나 컸거든요. 게다가 저희 대표님은 굉장히 무뚝뚝하시고 말이 많지 않으신데, 가뜩이나 없는 말수가 더욱 줄어드신 것 같았습니다.

"먼저 올라가요. 저는 일 좀 보고 올라갈게요."

노트북을 주섬주섬 챙기는 저를 보며 대표님이 말했습니다. 차라리 혼을 내면 맘이라도 편할 텐데 별다른 얘기가 없으니 더 속이 탈 노릇이었습니다. 제가 먼저 죄송하다고 이런저런 말을 건네는 것도 좀 염치없어 보여 쉽사리 입을 열지 못했습니다. 그렇게 점심을 먹는 둥 마는 둥 하며 꽤나 침울해져 있던 저를 위로하는 건 주변의 동료들이었습니다. 괜찮다고 그럴 수 있다며 토닥거려 주었죠. 덕분에 기분이 조금 풀어지는 듯했습니다. 그래도 제가 한 실수가 쓰라린 건 어쩔 수 없었습니다. 심란한 마음을 가라앉히러 잠시 옥상정원에서 바람을 쐬고 내려왔는데 책상에 아이스 아메리카노가 한 잔 올려져 있었습니다. 잠시 갸웃거리며 책상에 앉아 옆자리 대니에게 물어보았습니다.

"이거 누가 쏜 거예요?"
"아, 아까 대표님이 놓고 가시던데요?"

"아……."

저는 잠시 커피를 바라보다 한 모금 들이켰습니다.

이번 에피소드는 꽤나 심플하죠? 혼날 줄 알았던 주인공의 책상엔 아이스 아메리카노가 놓여 있었습니다. 결론부터 얘기하면 혼은 나지 않았고, 대표님은 암묵적인 괜찮다를 전달했습니다. 이 이야기에서 중요한 건 4,100원짜리 아메리카노가 아닙니다. 침묵했던 그 순간 대표님의 마음이지요. 사실 사고 친 사람 입장에선 상대가 쿨하게 '괜찮아 뭐 그럴 수도 있지'라고 털어버렸으면 더 좋았을걸 이란 생각이 들 겁니다. 하지만 위 상황에서 아무렇지 않게 괜찮아라고 얘기할 수 있는 건 동료들 뿐입니다. 대표님은 많은 비용을 순식간에 잃었고, 외부 업체 대표님에게 죄송했다, 착오가 있었다고 말해야 했을 겁니다. 아마 그 분위기를 주인공도 보았겠죠. 미팅이 끝나고 입을 다문 건 대표님 특유의 성격도 있었겠지만, 감정을 드러내지 않으려는 의도가 더욱 컸을 것입니다. 생각할 시간이 필요했겠죠.

괜히 분위기를 푼다고 농담할 기분은 아니었을 테고, 여기서 화를 내는 건 상대의 마음을 다치게 했을 겁니다. 분위기로 충분히 느끼고 있는 잘못에 대해 다시 언급하는 것도 좋지 않은 선택일 것이고 그렇다고 그냥 괜찮다고 끝내기엔 본인도 응어리가 쌓이겠죠. 서로를 위한 가장 좋은 방법은 침묵이었을 겁니다.

침묵이 배려가 되는 건 그 침묵을 선택하기까지 머릿속에 떠도는 무수한 고민과 선택들 때문입니다. 그래서 침묵은 종종 고민의 결과물이자 관계를 깨뜨리고 싶지 않아 선택한 신중한 배려가 되기도 하죠. 모두가 유려한 언변과 부드러운 공감 능력은 가지고 있는 것은 아니니까요. 어쩌면 대표님에겐 저것이 본인이 할 수 있는 가장 따뜻한 방법이었을지도 모릅니다.

침묵이란 것은 참로 양면성을 지니고 있죠. 침묵은 누군가를 민망하게 할 수도 있고, 오히려 민망하지 않게 배려할 수도 있습니다. 또한 물어보지 않는 게 배려가 될 때도 있고, 물어보지 않아서 서운해 하는 경우도 있습니다. 이것은 무관심과는 조금 다른 종류의 것이죠. 무관심은 아예 상대에게 일어난 일을 인지하지 못하는 것이고 침묵은 인지한 후에 선택한 행동이니까요. 그래서 침묵은 따뜻한 말 이상으로 섬세한 센스와 공감 능력이 필요합니다. 더불어 말하는 본인에 대한 이해도 필요하죠. 자신이 무슨 말을 하려고 했는지, 이걸 왜 삼키고 있는지, 이것이 자신과 상대에게 더 좋은 선택인지 아닌지를 가늠할 수 있어야 하니까요. 게다가 말을 삼키는 것은 침묵으로 인한 이득이 훨씬 크다고 할지라도 굉장히 심적 부담이 큰일입니다. 그야말로 감정을 이성으로 억누르고 있는 대표적인 행동이니까요. 만약 누군가가 침묵했고, 여러분이 그것으로부터 어떤 안정감을 느꼈다면 그 사람에게 무척이나 감사해도 좋습니다. 그 누군가는 여러분을 정말로 세심하게 배려하고 있다는 뜻이기도 하니까요.

그 침묵이 참으로
따뜻했습니다.

#고마워요 #보이는걸넘어선예의

29
원하는 것을 얻어내는
말랑말랑 대화법

옆 팀 지니는 웹기획자입니다. 웹을 기획한다는 건 참으로 굉장한 일이죠. 고객들의 복잡한 시선과 행동을 사로잡아야 하는 데다 산더미 같은 정보들을 제 위치에 놓아야 합니다. 더불어 경영진들의 요구와 개발팀의 요구 사이에서 엄청난 커뮤니케이션을 해야 하죠. 보통 이 정도 위치에 있는 사람들은 굉장히 까칠하거나 할 말만 정확하게 딱딱 하는 경우가 많았습니다. 그런 성향이 이런 업무를 잘하는 것인지, 업무를 하다 보니 그런 성향이 되는 것인지는 잘 모르겠지만 제가 지금까지 봐왔던 웹기획자들은 결코 말랑하지 않았죠. 하지만 지니는 꽤나 특별한 존재입니다. 이름부터가 범상치 않아서 그런 건지, 지니와 얘기를 하다 보면 정말 소원을 들어줄 것 같은 몽글몽글함을 느낄 수 있었죠. 저는 디자인팀인지라 기획자와 소통할 일이 많았습니다. 개발 단계로 넘어가기 전에 전체 이미지와 구동하는 방식을 시각화 시키는 역할이거든요. 쉽게 말해 지니의 머릿속에 있는 생각과 글들을 실제 웹화면으로 그려내는 일을 하고 있습니다. 오늘도 시안 체크를 하면서 지니와 미팅을 시작했죠.

"와! 이건 대체 어떻게 만든 거예요? 진짜 제가 생각했던 것과 너무 똑같아요! 에린님 같은 능력이 있다는 건 정말 놀라운 일이에요. 세부 페이지도 디자인이 끝났어요?"

지니의 말은 빨간 머리 앤의 대사 같습니다. 캐릭터가 아닌 실제 사람의 입에서 나온다는 게 놀라울 정도의 따뜻한 언어들이죠.

"네네, 이쪽 보시면… 이렇게 세부 페이지 6개 작업이 끝났어요. 첫 화면에서 이 버튼을 누르면 이런 식으로 움직이게 했어요."
"와! 신기해요! 맞아요. 이런 방식을 원했어요. 어머어머 진짜 놀랍다…. 디자이너들은 정말 대단한 사람들이에요. 이 멋진 걸 더 멋지게 만들 수 있는 방법이 있을 것 같은데."

말이 끝나고 지니는 초롱초롱한 눈으로 저를 바라봅니다. <슈렉>에 나오는 고양이 같은 눈으로 턱을 괴고 저런 말을 하면 누구든 더 멋진 방법이 있을 것 같은 착각에 빠져들죠.

"어… 어떤 건데요?"

"자아~ 이쪽 상단에 있던 내용을 여기로 옮기면? 짠. 중요한 내용이 상대적으로 더 부각되어 보이면서 이 멋진 디자인이 더욱 빛을 발하게 되는 것이죠!"

"아하… 대박."

눈치채셨는지 모르겠지만, 사실 이건 피드백입니다. 지니만의 피드백이죠. 지니는 보통 '다 좋은데…'로 시작되는 부정어를 놀라운 긍정어로 말할 수 있는 능력을 지니고 있습니다.

"그리고 제가 또 하나의 마법 같은 걸 말씀드리면! 자, 기획안 8페이지예요! 여길 보면 상세페이지에서 버튼을 누르기 전에 이런 창이 뜨도록 적혀 있죠? 지금 보여 주신 곳에는 아직 이 창이 없어요! 사라지는 마술! 제 생각엔 이제 곧 엄청나게 멋지게 만들어져서 고객들에게 버튼 누르기 전 주의사항들을 알려주는 역할을 하게 되겠죠?"

"아 맞아요, 저쪽 창은 아직 못 만들었어요."

사라지는 마술이라니. 지니가 말하는 사라지는 마술은 기획안에 쓰여 있는 내용이 반영되지 않았음을 의미합니다. 도대체 저런 발상은 어디서 나오는지 몹시도 궁금합니다. 저는 지니만큼 붙임성이 좋지 못한 데다, 말이 길어지는 걸 딱히 좋아하지 않아서 가끔은 할 말을 정확하게 해주는 게 더 좋겠다 싶을 때도 있습니다. 하지만, 적어도 지니와 대화할 땐 내가 만든 것들에 대한 존중과 조심스러움이 보여요. 그럼에도 지니가 하고 싶은 말은 모두 하는 듯한 느낌이 있습니다. 단순히 상대를 배려하느라 참지는 않는 거죠. 저는 그런 점이 더 마음에 듭니다. 지니는 상대의 눈치를 보지 않아요. 타고난 언어 능력으로 표현을 다채롭게 할 뿐이랄까요. 그래서 지니에게 물어본 적이 있습니다.

"지니, 저 진짜 궁금해서 물어보는 건데 가끔 앞뒤 다 자르고 '왜 이건 완성이 안됐어요?'라고 지르고 싶을 때 없어요?"

제 질문에 대한 지니의 대답은 그야말로 놀라웠죠.

"물론 있죠. 하지만 왜 완성이 되지 않았는지는 제가 궁금한 게 아니에요. 완성이 되는 게 중요하죠. 그러니 완성을 하라고만 말하면 된다고 생각해요."
"근데 그럼 '언제까지 완성해서 가져와 주세요'라고 딱딱하게 말할 수도 있잖아요."
"언. 제. 까. 지. 완. 성. 해. 서. 가. 져. 와. 주. 세. 요. 14음절인데 같은 음절로 '엄청나게 멋진 것이 만들어지겠죠?'라고도 말할 수 있어요. 제가 쓰는 에너지는 똑같지만 상대에게 전달되는 느낌은 다를 거예요. 어차피 만들 거고, 언젠간 완성될 텐데 우린 그것에만 에너지를 쓰기도 바쁘거든요. 괜히 감정 상하고 스트레스 받는 것도 모두 에너지잖아요. 그런 불필요를 최소화시키는 거죠."
"와…"

🗝️ 이번 에피소드의 지니는 매우 영리한 사람입니다. 그리고 의외로 차가운 편이죠. 지니는 업무의 결과와 효율화를 최우선으로 생각합니다. 말랑한 커뮤니케이션과는 별개로 완전히 목적을 달성하기 위한 언어만을 쓰고 있죠. 사족 같아 보이는 언어들도 사실 피드백을 주기 위한 밑밥과도 같은 느낌입니다. 서로가 받을 심리적인 스트레스를 최소화시키는 이유도 그녀가 착해서가 아닙니다. 감정에 쓸 에너지를 일에 쓰라는 것이죠.

예의와 배려가 꼭 선한 마음에서 출발하지는 않습니다. 때로 그것들은 어떤 목적을 달성하기 위한 커뮤니케이션 방식이기도 합니다. 사람을 고무시키는 방법은 각각 다르지만, 기본적으로 상대가 행한 행위와 그의 직업적 자부심을 인정하고 드높여주는 것이 대표적이죠. 지니의 커뮤니케이션은 결국 상대를 고무시키고 더 높은 생산성을 만들기 위한 언어적 장치라고 볼 수도 있겠습니다.

지니는 구구절절 더 많은 말을 하지 않아도 같은 음절의 단어를 다른 단어로 바꿔 그걸 해내고 있어요. 예의와 배려는 상대가 느끼는 감정이라고 말했습니다. 어차피 지니가 말했던 피드백은 어떤 형태로든 전달이 되어야 합니다. 추궁의 형태가 될 수도 있고, 비난이나 질책, 분노, 짜증의 형태를 선택할 수도 있었죠. 하지만 지니는 그런 방식이 결국 불필요한 에너지 소모를 부른다는 걸 알고 있습니다. 현명한 선택을 한 것이죠. 매우 전략적인 예의라고 해야 할까요. 청자 입장에서도 이걸 모르지 않을 겁니다. 지니의 커뮤니케이션이 순수한 선함에서 비롯되는 것이 아니라는 건 누구나 쉽게 알 수 있죠. 하지만 어차피 해야 하는 일이고, 피드백을 듣는 일은 피할 수 없습니다. 기왕 전달받는 거 대충 벽돌 던지듯 던지는 것보다 들기 좋게 손에 잘 올려주는 게 좀 더 낫겠죠.

종종 배려와 예의라는 단어가 '희생과 물러남'을 의미하는 것처럼 여겨질 때가 있습니다. 내가 더 손해 보는 것 같고, 남을 더 위하는 것 같은 느낌일 수도 있죠. 하지만 예의는 내가 덜 가지거나 더 힘들면서 남을 위하는 태도가 아닙니다. 위치는 동등해야 하고, 상대도 나만큼의 가치가 있다고 인정하는 것이죠. 그래서 지니는 피드백을 전달하는데 망설임이 없습니다. 할 말은 해야죠. 내가 잘하는 만큼 상대도 잘할 거라는 전제로 말입니다.

예의와 배려를 갖출수록 생산성은 높아집니다. 내 가치를 의심받고 있거나, 평가받는 느낌이 든다면 나도 최선을 다하기가 힘들어질 테니까요. 서로가 서로에 대한 믿음과 존중을 전제로 할 때, 그리고 그 마음을 충분히 표현할 때 진술하고 좋은 결과물이 탄생할 수 있습니다. 그러니 상대가 길고 친절한 인삿말에 웃음까지 붙여서 문자를 보냈다면 '네.'라고 단답으로 응대하지 마세요. '감'까지만 쳐도 자동완성 기능으로 '감사합니다'를 입력할 수 있습니다. 내 손가락은 같은 1음절을 쓰지만 상대의 기분은 달라질 수 있죠. 일하면서 기분까지 신경 써야 하느냐고 생각할 수 있겠습니다. 써야하죠. 그게 일을 잘하는 겁니다. 나는 한 마리 차갑고 고독한 코요

테처럼 단답과 무뚝뚝한 리액션을 '효율'이라고 외치는 건 그냥 '잘난 사람'일 뿐이에요. 굳이 싸울 일이 없다면 기본적으로 좋은 관계를 유지하는 것이 일을 잘하는 사람입니다. 결국 관계도 실력이니까요.

어떤 예의는 똑똑함에서
태어나고, 실력처럼 유려해.
눈치채지도 못할 정도로.

#고마워요 #보이는걸넘어선예의

30
때론 눈치도
예의가 된다

 지난주 미팅은 생각할수록 놀라웠습니다. 우리 회사와 협업하기로 한 작가님이 계셨어요. 브랜드 이야기와 출시 예정인 신제품에 대한 리뷰를 부드러운 고객들의 목소리로 써주실 분이었죠. 글 쓰시는 분답게 메일로 미팅을 잡을 때도 부드러운 말투에 살살 녹는 기분이었습니다. 실무자들 사이에선 살치살 작가님이라고 불릴 정도였으니까요. 그러다 지난주, 본격적인 콘텐츠 제작을 위해 기획안을 들고 미팅을 했죠. 그런데 아침에 먹은 요거트가 뭔가 문제가 있었는지 배의 상태가 몹시 좋지 않았습니다. 배가 살살 꾸룩꾸룩 거리기 시작했죠. 2시가 되었고 작가님이 오셨습니다.

"매니저님, 오늘 엄청 예쁘게 하고 오셨네요! 봄 같다 봄."
"하하 안녕하세요, 작가님. 작가님도 오늘 어디 가셔야 할 것 같은데요?"

보통 작가님과의 대화는 이런 식으로 흘러갑니다. 서로가 봄이 되었다, 별빛이 되었다, 노을이 되었다 하죠. 약 30분 정도 기획안에 대해 이런저런 이야기를 주고받았습니다. 그러다 잠시 소강상태였던 배가 다시 요동을 치기 시작했습니다. 한 번 요동친 배는 쉽사리 멈추지 않죠. 저는 점점 집중력을 잃어가기 시작했습니다. 말이 꼬이기 시작할 무렵이 되자 어질어질할 지경이었죠.

"음, 그러니까 이번 기획안에서 핵심은 신제품…그… 저희 이번에 기능 추가된 거에 집중해야 하는데, 그게 좀 너무 사람들에게 광고처럼 보이지 않게 기획안에 제가 좀 적어놨거든요… 끙."
"어 매니저님, 저 정말 죄송한데 제가 아까부터 전화가 계속 오는데요. 오늘 집에 누가 오기로 해서 그분이 밖에서 기다리고 있는 것 같아요. 저 전화 좀 잠시 하고 와도 될까요?"
"아 네네 그럼요! 다녀오세요!"

작가님이 전화를 하러 나간 사이 저는 냅다 화장실로 뛰어갔습니다. 생과 사의 갈림길에서 무사히 살아돌아온 저는 작가님이 너무 오래 기다리셨을 것 같아 걱정이 됐죠. 미팅하다가 화장실에 가서 10분이나 앉아있는 경우가 어딨을까 싶어 얼굴이 붉어지려는데, 자리를 보니 아직 작가님은 오시지 않았더라고요. 제가 정신을 차리고 다시 자리에 앉아 1분 정도 지났을까요? 작가님도 전화를 끊고 들어오셨습니다.

"제가 전화가 좀 길어졌어요! 죄송해요, 오래 기다리셨죠! 저희 아까 어디까지 얘기했었죠?"

그렇게 작가님과 2시간여의 미팅이 끝나고 사무실로 다시 돌아왔습니다. 그리고 옆자리 동료와 오늘 있었던 일에 대해 이마를 짚으며 수다를 떨었죠.

"아니 그래서 진짜 죽을 뻔했다니까. 마침 작가님이 늦게 들어오셔서 망정이지, 그래도 진짜 어떻게 타이밍이 딱 좋았어요."
"근데 내가 봤을 땐 작가님이 이미 다 알고 계셨던 것 같은데?"
"진짜요?"
"그렇잖아요. 타이밍이 너무 절묘하잖아. 거기서 작가님이 '괜찮아요?'라고 했으면 분명 매니저님이 '네네.'라고 했을 거잖아요? 그럼 화장실 갈 타이밍을 또 놓치게 될 거라고. 그래서 그냥 자기 사정 있다고 핑계 대고 갈 시간을 만들어준 것 같아요. 그리고 매니저님 자리로 돌아온 거 보고 적당히 들어와서 둘러댄 거고요. 딱 그런 그림이네."
"와⋯ 대박. 어쩐지 뭔가 딱딱 맞는다 했다."

🗝️ 센스는 초능력이라고 했습니다. 에피소드의 작가님은 매니저님의 미묘한 땀방울과 긴장을 빠르게 알아챈 것 같아요. 그게 화장실인지 통증인지 어떤 것인지는 모르겠지만 잠시 쉬는 시간을 가지는 게 좋다고 생각했을 거예요. 이때 작가님은 '잠시 쉴까요?' 또는 '괜찮으세요?'라고 물어볼 수도 있었을 것입니다. 결정의 권한을 상대에게 넘기는 것이죠. 물론 이 또한 배려고 예의입니다. 하지만 작가님은 한 번 더 생각했던 것 같아요. 지금 누가 봐도 불편한 상태인 걸 참고 미팅에 임하는 사람이라면 내가 괜찮냐고 물어본 말에 아니라고 대답하기 힘들 거라는 걸 말이죠. 그렇다면 본인이 상황을 만들어야겠다 판단을 내린 겁니다.

센스란 지금 필요한 예의를 넘어 그 사람에게 최적화된 선택지를 찾아내는 능력입니다. 기민한 관찰력과 상대에 대한 이해, 상황을 개선할 빠른 지혜가 필요하죠. 보통 센스가 발동하고 행동으로 옮겨지는 순간은 찰나이기 때문에 상대가 이를 알아채기 힘듭니다. 적어도 그 순간엔 말이죠. 나중에 지나고 나서 곰곰이 생각해 보면 그게 배려였단 걸 그제야 깨닫게 된달까요.

센스는 감각 정보에서 시작됩니다. 우리가 육감이라 부르는 오묘한 느낌도 과거의 기억이 남긴 감정의 잔재들이죠. 흔히 쎄함이라 불리는 것, 상대의 불안한 눈빛, 미묘한 체취의 변화, 긴장한 목소리 등 무의식적으로 받아들이는 모든 생체 정보를 포함하죠. 여기에 맥락을 통해 이해할 수 있는 정보가 합쳐져 하나의 결론을 만들어 냅니다. 정보를 해석하는 과정에서는 공감 능력이 많이 작용합니다. 이때의 공감은 직간접 경험 정보에 기반합니다. 누구나 화장실이 급해 정신이 혼미해져 본 적이 있을 거예요. 내가 흘렸던 과거의 진땀을 통해 지금 타인이 어떤 상태일지를 판단합니다. 판단이 끝나면 선택지를 만드는데, 이때 각 선택항이 불러올 효과를 고려하죠. 어떤 일이 생길지 시나리오를 그린다고 해야 할까요. 여기서 말하는 효과는 실질적 이득이나 합리성이 아닙니다. 상황의 개선과 자연스러움을 뜻하죠. 센스는 이질감을 허락하지 않거든요. 그렇게 결정된 하나의 선택항은 바로 행동으로 옮겨집니다. 이때 행동은 '연기'처럼 행해지며, 작가님의 사례처럼 없던 전화를 갑자기 만들어 내기도 합니다. 센스 있는 행동은 애드리브인지 눈치채지 못하는 애드리브와 비슷하죠.

사실 주변에 크게 신경을 쓰지 않고 행동하는 것이 분명 더욱 편한 방법일 거예요. 하지만 센스는 타인과 상황에 많은 에너지를 쏟아부어야 합니다. 항상 고성능 레이더를 켜놓고 있는 느낌이죠. 함께 있는 사람은 유려한 모든 상황에 안정감을 느끼지만 정작 센스 있게 행동하는 사람들은 집에 가서 많이 피곤할 겁니다. 여러분이 누군가와 함께 하는 시간이 일말의 불편함도 없이 부드럽고 평화롭다면 그는 여러분을 위해 정말 많은 에너지를 쓰고 있을 거예요. 내가 눈치채지 못하는 모든 순간을 본인의 에너지로 채우는 것이죠. 그런 사람이 생각난다면 꼭 감사 인사를 건네보세요. 날 배려해 줘서 고맙다고, 덕분에 편한 시간을 누릴 수 있었다고 말이죠.

오늘의 만남은 너무도 편했다.
그는 이 편함을 만들기 위해
얼마나 땀을 흘렸을까.

#고마워요 #보이는걸넘어선예의

Epilogue

　책을 읽는 분들이 편하게 공감할 수 있도록 무례를 당한 경험, 무례를 행한 경험, 그리고 배려 넘치는 좋은 경험으로 나누어서 이야기를 풀어 보았습니다. 그러나 각 챕터에 등장하는 사람들이 모두 다른 것은 아닙니다. 어쩌면 이 수많은 이야기가 모두 한 사람의 이야기일 수도 있습니다. 누군가에겐 차가운 사람이 누군가에겐 너무도 따뜻한 사람이 될 수도 있죠. 같은 행동도 누군가에겐 속이 시원하게 비치고, 누군가에겐 냉정하고 무례한 것처럼 보일 수 있습니다. 그런 관점에서 분명 저도 여러분도 어제는 무례했고 오늘은 친절한 사람일 것입니다.

　이 책을 쓰면서 무척이나 고민이 많았습니다. 쉽사리 글이 써지지도 않더군요. 사람의 무례와 배려를 딱 잘라서 얘기할 수 있는 건가, 누군가의 무례를 비난하기 위해 책을 쓰는 건가, 이런 생각이 머리에서 떠나질 않았습니다.

여러분은 지금까지 사람과 사람 사이에 벌어지는 일련의 사건들을 관찰했고, 그 사이에서 드러나는 다양한 감정들을 느끼셨을 겁니다. 그런데 말입니다. 혹시 제가 말했던 에피소드를 읽던 중 '어? 이건 무례가 아닌 것 같은데?' 또는 '이게 배려인가?'라며 물음표가 생기신 부분들이 없으셨나요.

이번 책을 쓰면서 주변의 많은 지인과 저의 기억들을 꺼내 각색했습니다. 그 와중엔 저조차도 이걸 무례라고 해야 할지 애매한 것들과 다시 꺼내보니 딱히 무례했다고 생각되진 않았던 기억들도 있더군요. 이쯤 되니 세상에 '절대적인 무례'란 게 있긴 한가라는 지점까지 가닿게 되었습니다. 물론 정말 몰상식하고 비상식적인 무례도 있겠지만 그런 부분들을 제외한 대다수의 무례함은 사실 상황이 만들어 내는 상대적인 것이라는 사실을 깨닫게 되었죠.

그럼에도 우리는 상처를 받습니다. 그게 고의였든, 상황이 만든 마찰이든, 사정이 있는 불가항력이든 상관없이 여러분의 마음은 다쳤습니다. 중요한 건 그 점이죠. 우리는 잘해보고 싶었고, 그 상황에서 나름 최선의 선택을 했을 것입니다. 그게 도망이든 싸우는 것이든 형태에 상관없이 말이죠. 그리고 집에 돌아와 이불 속에서 발을 팡팡 굴리며 더 좋은 선택이 있지 않았을까, 나는 왜 이럴까, 자책하거나 후회를 할 수도 있겠습니다. 저는 이런 말을 해드리고 싶습니다.

예를 들어 서울 9호선 지옥철이 급정거하는 통에 누군가의 가방에 부딪혀 멍이 들었습니다. 보통 그러면 그 상황을 짜증내지 가방에게 화를 내거나, 넘어진 자신을 책망하지 않습니다. 무례란 참으로 이와 비슷합니다. 상처를 입을 수 있습니다. 짜증나고 화가 치밀 수도 있죠. 그럼에도 우린 서로에게 한 번의 기회를 더 줄 수 있습니다. 관계를 파탄내거나 나를 괴롭히기 이전에 말이죠. 어쩌면 우리가 생각하는 무례란 너무도 가볍고 하찮은 것들일지도 모릅니다. 크게 상처받지 않길 바랍니다. 그리고 찬찬히 주변을 둘러보는 계기가 되었으면 합니다. 어쩌면 아까 내가 넘어지면서 누군가의 이어폰을 뽑아버리거나, 발을 밟았을 수도 있거든요. 지구라는 닫힌 계에 참으로 많은 사람들이 살아가고 있습니다. 충돌은 피할 수 없습니다. 우리에게 필요한 건 더 세심히 주변을 살피는 따뜻한 눈과, 부딪힌 사람에게 사과할 시간을 주는 여유라고 생각합니다.

2023년 가을
박창선

일을 잘하자고 했지
무례해도 된단 말은 안 했는데

초판 1쇄 발행 2023년 11월 11일 발행

지은이 박창선
펴낸이 이가희
책임편집 김혜성
디자인 강상희
표지일러스트 JUNO

펴낸곳 찌판사
출판등록 2022년 1월 10일 제 2022-000010호
이메일 gahee@newdhot.com

ⓒ 박창선

ISBN 979-11-978286-6-9 (03320)

•이 책은 저작권법에 따라 보호받는 저작물이므로 무단전재와 무단복제를 금합니다.